NOTICES

HISTORIQUES, CRITIQUES

ET BIBLIOGRAPHIQUES.

LOTTIN DE S.-GERMAIN IMPRIMEUR DU ROI.

NOTICES
HISTORIQUES, CRITIQUES
ET BIBLIOGRAPHIQUES,

SUR

PLUSIEURS LIVRES DE JURISPRUDENCE FRANÇAISE,

Remarquables par leur Antiquité ou leur Originalité.

Pour faire suite à la Bibliothèque choisie des Livres de Droit.

PAR Me. DUPIN,
Docteur en Droit, et Avocat à la Cour Royale de Paris.

Etiam quod discere supervacuum est, id prodest cognoscere.
SENEC.

A PARIS,
Chez B. WARÉE, oncle, Libr. de la Cour Royale,
au Palais de Justice.

M. DCCC. XX.

AVERTISSEMENT.

Il est bon de connaître, ne fût-ce que superficiellement, les choses même qu'il serait inutile d'étudier et d'apprendre à fonds. *Etiam quod discere supervacuum est, id prodest* Cognoscere.

Cette pensée de Sénéque est vraie surtout quand on l'applique aux études de l'Avocat. Il ne peut pas tout savoir ; et pourtant aucune science, dit-on, ne doit lui rester étrangère ; il a besoin de notions générales en tout genre ; il faut qu'il ait ce que Cicéron appelle *omnium rerum magnarum atque artium scientiam.*

Souvent en effet il arrive qu'un avocat est chargé de plaider des causes dont la solution dépend moins de l'application des principes du droit, que de la connaissance des procédés d'un art ou d'une science étrangers à sa profession (1).

S'il en doit être ainsi, même pour les objets les plus éloignés en apparence de l'usage et de la pratique du barreau ; à plus forte raison, pour ce qui est de la science même du droit, on est fondé à dire, que si un avocat ne doit pas lire tous les ou-

(1) Sæpè in iis causis, quas omnes proprias esse oratorum profitentur, est aliquid, quod, non ex usu forensi, sed ex obscuriore aliquâ scientiâ, sit promendum et assumendum. (Cic. de Orator., I, 14.)

vrages qui concernent sa profession ; s'il n'a pas le temps, les moyens, ou la volonté de les étudier tous ; il faut au moins qu'il en connaisse les titres, qu'il sache les noms de leurs auteurs, les matières qu'ils ont traitées et leur degré d'utilité.

En effet, « Le vrai savoir ne consiste pas tant « dans une vaste et immense lecture que dans une « étude réfléchie des meilleurs ouvrages, avec le « discernement propre pour consulter les autres « livres, et savoir y trouver le point fixe de la « question controversée ». (Lenglet, *Tablettes Chronolog., t. I, p.* 154.)

Aussi je ne conseillerai pas à tous les jeunes avocats de lire les *Assises de Jérusalem*, les *Lois Anglo-Normandes*, les *Établissemens de Saint-Louis*, *Pierre de Fontaines*, *Beaumanoir*, *Montluc*, *Guillaume du Breuil*, *Jean Desmarres*, le *grand Coutumier de Charles VI*, *Bouteiller*, *Imbert*, *Masuer*, *Ayrault*, etc., etc. Je conviens que ces études rétrogrades ne peuvent guère tenter que le petit nombre de ceux qui veulent remonter aux sources du droit, et ne rien ignorer de ce qui intéresse leur profession. Ces études supposent une patience, un courage, une sorte d'idolâtrie du métier, dont tout le monde ne se sent pas capable. Mais du moins je ne voudrais pas qu'un seul avocat pût ignorer l'existence, et pour ainsi dire, jusqu'au nom de ces ouvrages. Dussent-ils n'en parler que comme *amateurs*, je voudrais que ceux mêmes qui se piquent le moins d'érudition, sussent à quelle époque ces ouvrages ont été publiés; dans quelles vues ils ont été composés; quels sont les objets dont ils traitent, l'estime dont ils ont joui, et l'utilité qu'on peut encore en retirer.

C'est ce qui m'a déterminé à publier ces *Notices* que je tiens en portefeuille depuis fort long-tems. Ayant fait entrer la lecture des ouvrages dont je parle, dans le plan d'études que je m'étais tracé; j'ai voulu qu'il en résultât quelque bien pour ceux qui n'auraient ni le goût, ni le loisir d'en faire autant.

Je ne me suis pas piqué de donner des analyses de tous les anciens livres, mais seulement des plus essentiels; parce que ce sont les seuls que j'aie lus, les seuls dont je puisse rendre compte en connaissance de cause, et les seuls peut-être parmi les plus anciens, qu'il importe de connaître.

Je les ai rangés en trois classes:

I°. Les uns sont des ouvrages qu'on peut regarder comme *officiels*, ce sont:

1°. Les Assises de Jérusalem;

2°. Les Lois anglo-normandes;

3°. Les Etablissemens de S.-Louis;

4°. Le songe du Vergier, composé par ordre de Charles V (1).

---

(1) J'aurais pû ajouter ce que j'ai écrit sur le *Codex legum antiquarum de Lindenbrog*; et sur les *Capitulaires* des Rois des deux premières races. Mais les remarques que j'ai faites sur ces lois tiennent plus particulièrement à l'*Histoire du Droit Français*, à laquelle je travaille depuis long-temps et que je publierai plus tard, si les affaires me laissent le temps de l'achever.

II°. Les autres sont de vieux livres de droit et de pratique, qui, les premiers, ont servi à débrouiller le cahos de notre procédure et de notre droit coutumier : tels sont :

1°. *Le Conseil de Pierre Fontaines*, aussi appelé *le Livre de la Reine Blanche ;*

2°. *Les Coutumes et usages de Beauvoisis*, par Beaumanoir ;

3°. Les arrêts de Montluc, appelés *Olim ;*

4°. *Le Style du Parlement*, par Guillaume du Breuil ;

5°. *Les Décisions de Jean Desmares*, et les anciennes *Coutumes notoires du Châtelet de Paris ;*

6°. *Le grand Coutumier de Charles VI ;*

7°. *La Somme rurale* de Boutellier ;

8°. Imbert, Mazuer et Ayrault, *praticiens* renommés au XVe. siècle.

III°. Dans la 3e. classe, j'ai rangé quelques ouvrages remarquables par leur *originalité*, et parce qu'ils attestent la *barbarie* de leur siècle.

NOTICES
HISTORIQUES, CRITIQUES ET BIBLIOGRAPHIQUES.

SECTION Ière.

TEXTES D'ANCIENNES LOIS. — SONGE DU VERGER.

Des Assises de Jérusalem. (*)

Après la prise de la Sainte-Cité de Jérusalem en l'année 1099, les Barons qui en avaient fait la conquête, *élurent* Roi et Seigneur du royaume de Jérusalem le duc Godefroy de Bouillon. (Assises, *chap. I.*)

« Le premier soin de ce seigneur fut de mettre le
« royaume en bon point et en bon état, et que ses
« hommes et son peuple, et toutes manières de gens
« allants et venants audit royaume, fussent gardés et
« gouvernés, tenus et maintenus et *menés à justice à*
« *droit et à raison* (1).

(*) Année 1099.

(1) « Les croisés victorieux formaient une espèce de colonie dans un pays étranger, et des aventuriers de toutes les nations de l'Europe composaient cette nouvelle société. On jugea nécessaire de fixer les lois et les coutumes qui devaient régler parmi ces différents peuples, les affaires civiles et l'administration de la Justice. » Robertson, introd. au règne de Charles V, tom. II, pag. 266.

« Il élut par le conseil du Patriarche de la Ste.-Cité
« et église de Jérusalem, et par le conseil des princes
« et des Barons, et des plus sages hommes qu'il pouvait
« avoir, sages hommes à enquérir et savoir des gens de
« diverses terres qui là estaient, les usages de leurs
« terres.

« Ces commissaires ayant recueilli tout ce qu'ils
« purent savoir et apprendre desdits usages, ils les
« mirent et firent mettre en écrit, et apportèrent cet
« écrit au duc Godefroy; et il assembla le Patriarche
« et les susdits (princes et barons), et leur montra,
« et leur fit lire par devant eux cet écrit; et après,
« *par leur conseil et par leur accort*, il concuillit
« (c'est-à-dire, il prit) de ces écrits ce que bon lui
« sembla, et en fit *assises* et *usages* que l'on dut tenir
« maintenir et user au royaume de Jérusalem, par
« lequel *lui*, ses gens, et son peuple, et toutes autres
« manières de gens allants et venants et demeurants,
« fussent gouvernés et menés à droit et à raison audit
« royaume. » (*Chap. I.*)

Ces Coutumes sont appelées *Assises* parce qu'elles furent constatées et érigées en loi dans l'*Assemblée* des grands du royaume; de même que la célèbre ordonnance de Godefroy comte de Bretagne, et de ses Barons, de l'an 1185, pour le partage noble, est appelée l'*Assise* du comte Godefroy.

C'est ainsi que dans le Livre même dont nous parlons, il est dit, en alléguant les constitutions de différents princes, *l'assise* du roi Baudoin, chap. 117; *l'assise* du roi Amaury, chap. 273; *l'assise* du roi Hugues, chap. 309, etc.

Ces assises furent aussi appelées les *Lettres du Sépulchre*, parce qu'elles étaient gardées en un coffre, dans l'église du Sépulchre, d'où elles étaient tirées en présence du roi ou de son délégué, du patriarche, ou, en son absence, du prieur du sépulchre, de deux chanoines et du vicomte, lorsqu'il y avait débat sur quelqu'article de ces coutumes.

Comme elles avaient été corrigées et augmentées à diverses fois par Godefroy et ses successeurs (1), elles furent rédigées par écrit, et mises en ordre par Jean d'Ibelin comte de Japhe et d'Ascalon, seigneur de Baruth et de Rames, vers l'an 1250.

Elles furent une seconde fois revues le 3 novembre 1369 après la mort de Pierre de Lusignan, roi de Chipre, par l'ordonnance de Jean de Lusignan, baron d'Antioche, baillistre (*) de Pierre de Lusignan, roi de Chipre, son neveu, par seize hommes *nommés et choisis en l'assemblée des Etats du royaume ;* et après, elles furent mises au trésor de l'église de Nicossie dans un coffre (une huche) scellé de quatre sceaux. (Voyez la *Préface des Assises.*)

Les assises de Jérusalem sont certainement tirées des coutumes et usages de France (**).

Au chap. 294, pour décider une question d'hérédité, l'un des contendants, allégue *l'usage du royaume de*

---

(1) « Après que les assises furent faites et les usages établis, le duc « Godefroy et les rois et seigneurs qui après lui furent audit royaume, « les émendèrent par plusieurs fois ; car les choses qu'ils voyaient et « connaissaient et qui leur semblaient bonnes à joindre ou accroistre ez « assises ou ez usages dudit royaume, ils les faisaient par le conseil du « patriarche, et des hauts hommes et des barons, et des plus sages « qu'ils pouvaient avoir clercs et lais, etc. » (Chap. III.)

(*) Gouverneur, tuteur, régent.

(**) Voyez Brodeau sur Paris, pag. 9, 54, 233, 280 et 314. Delalandes sur Orléans, art. Ier., pag. 4.

France; il est, dit-il, *bien difficile de croire qu'il y ait usage en ce royaume de Jérusalem qui soit contraire à l'usage de France*, puisque ceux qui l'établirent, lors du conquêt de la Terre, *furent français.*

Il est vrai qu'au chapitre suivant, son adversaire prétend que l'usage de Jérusalem *n'est pas tel que celui de France.*

Mais, après plusieurs dits et contredits, on voit que la *haute cour* du royaume de Jérusalem a jugé *conformément à l'usage de France*, que l'aîné devait l'emporter sur le cadet.

Les auteurs des assises de Jérusalem ont aussi emprunté quelques décisions aux lois romaines ; elles y sont citées avec éloge ; et notamment au chapitre 204, il est parlé du « Code de l'empereur Justinien qui est « un des meilleurs livres des lois des Empereurs. »

En 1690, La Thaumassière publia ces assises copiées sur un manuscrit de la bibliothèque vaticane ; mais ce manuscrit était incomplet. Il s'en est trouvé un entier dans la bibliothèque de Venise. En 1788, M. Agier, alors avocat, aujourd'hui l'un des présidents de la Cour d'appel de Paris, ayant projeté une nouvelle édition des assises de Jérusalem, le Gouvernement demanda à la république de Venise, une copie de son manuscrit. Elle fut très-bien exécutée par les soins du chevalier Hénin, chargé des affaires de France à Venise. Cette copie est à la bibliothèque royale.

J'avais trouvé ces dernières indications dans la bibliothèque de droit de Camus; et desirant savoir si M. Agier avait donné suite à son projet, je lui en écrivis; mais il me répondit le 17 mai 1806, la lettre suivante : « Monsieur, il est vrai qu'avant la révolution j'ai travaillé sur les assises de Jérusalem, et j'avais emprunté pour cet effet à la bibliothèque aujourd'hui impériale quelques manuscrits qu'on voulut bien me communiquer. Je ne songeais en cela qu'à ma propre instruction. Attaché au bareau, et desirant approfondir la science de mon état ; j'avais crû devoir la chercher dans un *livre qui est une des principales sources de notre ancien droit*, et particulièrement du droit féodal. La révolution a dérangé mon projet et renversé toutes mes idées. Depuis bien long-temps je ne pense plus aux assises de Jérusalem. Elles ne sont plus désormais *utiles que pour l'histoire ;* et sous ce rapport, je n'y vois pas assez d'intérêt pour me livrer à un travail qui, par lui-même, n'est point attrayant.

J'ai l'honneur, etc.

Ainsi, selon toute apparence nous ne verrons pas, de long-temps, paraître une nouvelle édition des assises de Jérusalem. Il suffit aux curieux de savoir, 1°. que l'édition de la Thaumassière est *incomplète ;* 2°. mais qu'il existe à la bibliothèque nationale, un manuscrit *entier*. Il y en a une traduction italienne, qui a été imprimée à Venise en 1543.

LOIS ANGLO-FRANÇAISES (*).

Houard, avocat au Parlement de Normandie, a publié deux ouvrages ayant pour titre :

1°. *Anciennes lois des Français, conservées dans les coutumes Anglaises recueillies par* LITTLETON ; 2 vol. in-4°., imprimés à Rouen, en 1766 ;

(*) Xe. et XIe. siècles.

2°. *Traités sur les coutumes Anglo-Normandes, qui ont été publiés en Angleterre depuis le XI jusqu'au XIVe. siècle.* — 4 vol. in-4°., imprimés, à Paris (Dieppe) 1776.

Le premier de ces ouvrages est accompagné d'observations historiques et critiques, qui ont pour objet de démontrer que les coutumes et les usages suivis anciennement en normandie, sont les mêmes qui ceux qui étaient en vigueur dans toute la France sous les deux premières races de nos Rois.

Le second contient des remarques sur les principaux points de l'histoire et de la Jurisprudence françaises, antérieurement aux établissemens de S.-Louis.

L'auteur convient que les coutumes Anglo-Normandes isolées n'offrent rien d'intéressant aux personnes qui n'ont pas fait une étude particulière de notre ancienne histoire et de la jurisprudence des IX et Xe. siècles. Ce n'est pas du premier coup d'œil, dit-il, que l'on aperçoit les facilités que les coutumes peuvent procurer, soit pour l'intelligence des chartes et des diplômes de nos derniers Rois de la seconde race, soit pour découvrir le véritable esprit de notre droit coutumier actuel ; elles ne produiront jamais ce double effet, qu'autant qu'on les placera, pour ainsi dire, *entre l'époque où nos capitulaires ont cessé, et celle où nos différentes coutumes ont été réformées.*

C'est par ce seul moyen, ajoute-t-il, que l'on peut suivre sans effort, les changemens que nos lois ont successivement éprouvés depuis le commencement de la monarchie jusqu'à nous ; opération bien intéressante ; car les motifs de ces changemens étant une fois aperçus, les principes fondamentaux des lois ou des coutumes de chaque province ne peuvent plus être méconnus.

Dans ce dessein, Houard a donné au public les *Institutes de Littleton*, qui, à son avis, est celui de tous les jurisconsultes Anglo-Normands qui a le mieux approfondi les lois Françaises, telles qu'elles ont été données à sa nation par Guillaume le Conquérant.

Les remarques que Houard a jointes au texte de Littleton, ont un double but.

1°. Elles indiquent dans les procédures que les coutumes Anglo-Normandes nous ont conservées, les traces des procédures qui étaient admises dans les cinq premiers siècles de notre monarchie; et le germe de la plupart de celles qu'on suit maintenant.

2°. Elles ouvrent une voie sûre pour rendre raison de toutes les variations que la législation française a successivement éprouvées depuis Clovis jusqu'au règne de S.-Louis.

Houard contredit quelquefois nos historiens, mais c'est toujours en pleine connaissance de cause : et jamais il n'est plus sûr de son fait, que lorsqu'il entreprend de réfuter les autres.

Toutes ses remarques ne sont pas à beaucoup près, des traités complets; mais, comme il l'observe très-bien, « elles contiennent des matériaux dont ceux qui « voudraient faire *l'histoire de notre monarchie par les* « *lois*, peuvent tirer beaucoup de secours. »

Cela est d'autant plus vrai, que les coutumes Anglo-Normandes appartiennent à une époque où les monuments de nos lois et de nos usages, sont aussi rares qu'obscurs; je veux dire, aux X et XIe. siècles.

Les ouvrages des XII et XIIIe. siècles n'ont pas le même caractère d'originalité que ces coutumes. De quelqu'utilité qu'ils aient été à l'immortel auteur de *l'Esprit des Lois*, il ne dissimule pas leur insuffisance pour donner une connaissance exacte de ce qu'étaient nos coutumes dans leur origine.

DESFONTAINES, selon lui, est le premier auteur de pratique que nous ayons ; mais il fait un grand usage des lois romaines ; il mêle à la jurisprudence française les établissemens de S.-Louis, et les maximes du droit civil. (*Liv.* 28, *chap.* 38).

BEAUMANOIR fait peu d'usage du droit romain ; mais il amalgame et tâche de concilier les réglements de S.-Louis avec les anciens usages de France. (*Ibid.*)

L'objet de ces deux écrivains, dit-il ailleurs, a plutôt été de donner une pratique judiciaire, que les usages de leur temps sur la disposition des biens. (*Liv.* 38, *chap.* 45.)

Ces ouvrages, quoiqu'anciens, sont donc moins propres à nous apprendre en quoi les coutumes françaises consistaient dans leur origine, que *le texte même de ces coutumes*, tel que Littleton nous l'a conservé.

Il est vrai que Littleton lui-même dit, qu'*il n'ose présumer que tout ce qu'il a écrit soit de loi.* (Section 749.) Mais Coke son commentateur, attribue ces expressions à la modestie de l'auteur. Selon lui, *le nom de Littleton désigne moins*, parmi les jurisconsultes anglais, *un écrivain particulier, que la loi elle-même.* Et on est forcé de souscrire à cet éloge, lorsqu'on fait attention à la méthode suivie par Littleton. Il porte le scrupule jusqu'à distinguer en chaque article de son recueil, ce qui est la *commune loi*, c'est-à-dire, la loi amenée de France, par Guillaume le Conquérant ; d'avec ce qui a été institué pour l'explication de cette loi, par des chartes, statuts ou édits postérieurs.

Le même éloge, ni parconséquent le même crédit, ne peuvent pas être accordés aux compilations de

Bracton, et de Britton. Car quoique ces auteurs aient écrit avant Littleton, ils n'ont pas eu, comme lui, soin de recueillir le *texte des coutumes anciennes*, et de les discerner des règles qui y avaient été substituées par erreur ou par ignorance. Ils avaient négligé de rechercher l'étymologie des noms donnés par Guillaume le Conquérant, et de recourir à chaque coutume pour en rappeler l'origine et le but. Ils s'étaient plus attachés à exposer ces coutumes selon l'interprétation qu'elles recevaient de leur temps, qu'à les ramener au vrai sens des maximes sur lesquelles le législateur avait crû devoir les établir.

Du reste, Houard établit très-solidement la conformité qui existe entre les anciennes coutumes françaises, et celles des anglais.

Il remonte à l'origine des deux nations; il prouve que les vainqueurs de l'Angleterre et les Francs étaient un même peuple; et qu'ils ne différaient entr'eux par le nom qu'à cause des divers cantons (1) qu'ils avaient habités.

Dès-lors, la conformité qui existe entre les coutumes et les usages de la France et de l'Angleterre, se conçoit parfaitement, et l'on n'est plus surpris de voir que cette conformité est si parfaite, qu'elle se rencontre jusque dans les expressions et les usages les plus singuliers.

Il en résulte qu'elles n'ont pas de commentaire plus

(1) BEDE appelle *angulum*, angle, coin, *anglen*, le territoire où les *francs*, qui refusèrent de se soumettre à la domination romaine avant Clovis, se réfugièrent. Et il place ce territoire dans la Saxe. Delà les Anglo-Saxons. Voyez PUFFENDORF, *tit.* 1, *liv.* 1, *chap.* 4. CHARON, *hist. univers. pag.* 249.

sûr et plus naturel que celui qu'elles se procurent mutuellement; et qu'on peut suppléer à ce qui manque aux unes par les développemens que les autres fournissent.

Ceci néanmoins n'est vrai que pour le temps où l'on voit que les mêmes lois ont été observées sumultanément chez les deux peuples. Il faut donc distinguer soigneusement les époques.

Vers la fin du IXe. siècle les deux législations commencent à se différencier. Les lois féodales subsistent alors en France, et Edouard l'ancien en donne de nouvelles à l'Angleterre. Sa législation ne conserve plus que de légères traces des mœurs Saxonnes, et n'emprunte rien des dispositions constitutives du Vasselage qui formaient déjà de son temps la jurisprudence française.

Voilà donc deux époques remarquables dans les révolutions que les usages des deux nations ont éprouvés.

Durant la première qui s'étend depuis Vortigerne jusqu'à Edouard l'ancien (l'an 900), nous voyons l'Angleterre suivre les mêmes coutumes qui ont subsisté en France jusqu'à la fin du règne de Charlemagne.

Sous la seconde époque, qui commence à Charlemagne et finit presqu'au milieu du XIe. siècle, tandis que les maximes féodales s'établissent et s'étendent chez les Français; Edouard, premier de ce nom, et ses successeurs, se forment des maximes de gouvernement qui leur sont propres, et auxquelles les usages féodaux sont absolument étrangers. — On ne peut donc, durant cette deuxième époque, tirer des coutumes anglaises, les éclaircissemens que les coutumes de la même nation répandaient, durant la 1re. époque, sur les pratiques judiciaires de France.

Mais Guillaume le bâtard, duc de Normandie, passe

en Angleterre, en fait la conquête ; il y établit le droit féodal tel qu'on l'avait pratiqué en France sous nos rois de la seconde race ; et, à ce moyen, les lois de ce conquérant, conservées par les anglais jusqu'à présent, sans altération, dissipent tous les nuages que la cessation des capitulaires avait répandus sur notre législation à la fin de la seconde race et au commencement de la troisième.

D'où naît cette conséquence, que la meilleure méthode d'étudier les anciennes lois françaises, est de consulter, d'abord et dans le même temps, les coutumes qui étaient en vigueur sous la première race de nos rois et sous l'heptarchie anglaise ; et surtout de rechercher ensuite l'interprétation des usages féodaux de la deuxième race dans ceux qui ont été introduits en Angleterre par les Normands.

On objectera peut être que les lois féodales introduites dans le Xe. siècle par les seigneurs Normands dans les provinces qu'ils envahirent, et en particulier dans celle qui a conservé leur nom, n'étaient pas des lois françaises et ne constituaient pas un droit national.

La réponse est facile.

Lorsque vers le commencement du Xe. siècle, Charles le Simple, vaincu par les représentations de ses peuples, qui voulaient la paix à quelque prix que ce fût, se résolut à conclure à S.-Clair sur Epte, le fameux traité par lequel il donna sa fille en mariage à Rollon ou Raoul, chef des normands ; il lui céda la partie de la Neustrie qu'ils appelaient déjà Normandie, sous *la condition qu'il en ferait hommage au Roi de France.* La loi des fiefs était donc déjà établie en France ; et puisque Rollon s'avouait vassal de Charles le Simple, et le reconnaissait pour son souverain, certes il n'introduisait pas une coutume normande; mais il se soumettait évidemment à la loi française sur les fiefs.

Raoul devenu duc de Normandie, ajouta sans doute quelques dispositions aux coutumes qu'il trouva établies. Mais il n'abrogea pas ces coutumes; tout prouve au contraire qu'il les respecta. Ainsi Basnage (quoiqu'ailleurs il se contredise, dit dans son *discours sur les successions aux propres de Caux*, tom. 1er., page 450, que le DUC RAOUL *laissa vivre chacun* SELON LES ANCIENNES COUTUMES.

On voit d'ailleurs que Raoul, en faisant reconnaître son fils Guillaume pour son successeur, promit à ses sujets que ce prince ne les gouvernerait que par *les loix et par ses statuts*, LEGIBUS *et* STATUTIS NOSTRIS *auxiliabitur*. (Dudon, pag. 91, collection de Duchesne). N'est-il pas évident que Rollon distingua ici les *lois* anciennes de la nation, d'avec les *statuts* ou réglemens particuliers de police ou d'administration dont il était l'auteur (1)?

« L'expérience prouve que les hommes changent » plus facilement de domination que de lois » : et que les peuples tiennent d'autant plus à leurs usages qu'ils sont plus éloignés de la civilisation : dès-lors comment concilier l'idée d'un changement absolu dans la législation normande, avec l'opinion que l'histoire nous donne de la sagesse de Raoul? La mémoire de ce duc serait-elle restée si chère aux Normands, s'il les eût dépouillés de leurs lois pour y substituer les siennes? Et son nom, serait-il devenu un mot de secours dans la bouche des opprimés si lui-même eût été un oppresseur?

(1) C'est ainsi que, sous Charlemagne, on opposait la *loi* aux *capitules*.

Qui ne connaît, en effet, que *la clameur de Haro*, si célèbre et si respectée en Normandie, est la même chose que l'invocation *Ah Raoul !* (*).

Convenons cependant que toutes les recherches qu'on pourrait faire dans ces coutumes, auraient aujourd'hui infiniment moins d'intérêt qu'elles n'en présentaient autrefois. Lorsque le régime féodal étendait ses voiles sur la France, la nécessité de recourir aux anciennes chartes pour définir les droits prétendus par les seigneurs, ou les allégemens réclamés par les vilains, forçait les jurisconsultes à remonter aux sources mêmes de la féodalité, pour en mieux établir le cours. Tout était précieux alors, une clause barbare, un vieux mot dont l'intérêt réciproque des parties altérait le vrai sens, devenaient un objet de recherches et de critique. Aujourd'hui tout cela ne peut plus être que de pure curiosité; et loin de conseiller à un jeune avocat de se jeter dans la lecture de Houard et de ses doctes commentaires, j'avoue que le fruit qu'il en pourrait tirer ne vaudrait certainement pas la peine qu'il y prendrait.

(*) Les anciens auteurs écrivent, *Rol*, *Ro*, *Rou*, pour *Raoul*. On disait de même *ha-ro*, ou *ah-ro*, pour *ah-raoul !* Voyez sur cette clameur, HOUARD, *anc. lois des français, tom. 2, pag.* 119, 124 *et suiv.*

ÉTABLISSEMENS DE SAINT-LOUIS (*).

Qu'est-ce donc, dit Montesquieu (**), que cette compilation que nous avons sous le nom d'*Etablissemens de S.-Louis*? Qu'est-ce que ce code obscur, confus et ambigu, où l'on mêle sans cesse la jurisprudence française avec la romaine; où l'on parle comme un *legislateur*, et où l'on voit un *jurisconsulte*; où l'on trouve un corps entier de jurisprudence sur tous les cas, sur tous les points du droit civil? Il faut se transporter dans ces temps-là.

Oui, pour mieux apprécier la législation de S.-Louis, et les améliorations dont il est l'auteur, il faut se reporter à l'époque où il régnait; « la grandeur des « obstacles qu'il eut à combattre nous donnera l'idée « de son courage, et l'état d'asservissement où gémis- » saient les peuples nous fera connaître le besoin qu'ils « avaient d'un pareil législateur. (S.-MARTIN, p. 532.) »

Au commencement du XIIIe. siècle, la force décidait de tout. Les lois elles-mêmes étaient revêtues d'un caractère féroce et barbare; « les tribunaux transformés « en des arênes sanglantes; les juges revêtus de l'habit « militaire; les caprices du sort et du hasard décorés

(*) Année 1270.
(**) Tom. 1, pag. 129.

« du titre imposant de *jugemens de Dieu*; le glaive « traçant avec le sang les droits des familles et des « particuliers; le faible opprimé; l'innocence succombant sous les coups de la violence; les criminels « rachetant à prix d'argent leur vie et le droit de « rentrer dans leur patrie; le peuple réduit à chercher « dans le sein de la féodalité un rempart contre l'oppression et la tyrannie; et pour comble de malheur, « les guerres perpétuelles entre les rois et les grands « vassaux de la couronne; les prétentions du clergé « souvent opposées aux droits des seigneurs; l'étonnante diversité des coutumes; l'intérêt et la force « dans les nobles; la servitude et l'ignorance dans le « peuple, formant des barrières insurmontables à la « réforme de ces abus. » (S.-MARTIN, pages 533 et 534.) Telle était la situation de la France, quand Louis IX monta sur le trône.

Pour donner une juste idée des Etablissemens de S.-Louis, nous examinerons successivement :

1°. Quelle date on doit assigner aux Etablissemens.

2°. Si la compilation qui porte ce nom est un code de lois promulguées par S.-Louis, ou l'ouvrage de jurisconsultes.

3°. Si ces Etablissemens étaient une loi locale ou une loi générale.

4°. De quels élémens ce Code a été composé.

5°. De quelle utilité ont été les Etablissemens de S.-Louis.

6°. Les éloges qu'ils ont mérités à ce grand roi.

7°. Les diverses éditions qu'en ont donné les savans.

CHAPITRE Ier.

Quelle date doit-on assigner aux établissemens?

On lit dans le *prologue* des *Etablissemens*, que Louis fit et ordonna ces établissemens l'an de grâce 1270, avant son départ pour Tunis.

« Cette date, dit M. Ducange, peut former quelque « difficulté, d'autant que cela ne s'accorde pas avec ce « que l'auteur de son histoire (*) écrit, qu'il partit « d'Aiguesmortes pour ce voyage, le mardi d'après la « feste de S.-Pierre et de S.-Paul de l'an 1269. D'où « il suit qu'il n'a pu faire publier ces ordonnances en » l'an 1270, si ce n'est que cette publication ait été « faite en son absence. »

« Mais, répond Montesquieu (**), cela ne peut pas « être. Comment S.-Louis aurait-il pris le temps de « son absence pour faire une chose qui aurait été une « semence de troubles, et qui eût pu produire, non « pas des changemens, mais des révolutions. Une « pareille entreprise avait besoin plus qu'une autre, « d'être suivie de près, et n'était point l'ouvrage d'une « régence faible, et même composée de seigneurs qui « avaient intérêt que la chose ne réussît pas. »

Montesquieu étend ses doutes encore plus loin. « Je crois, dit-il, que S.-Louis fit commencer cet « ouvrage, et qu'il fut fini par son successeur; et que « l'un ou l'autre prince, ou tous les deux, firent « rédiger par écrit quelques coutumes de leurs do-

---

(*) Guillaume de Nangis.

(**) T. 3, pag. 250, édition de Genève, de 1750, in-12.

« maines ; et parce qu'on y confondait les lois qui « venaient d'être faites par S.-Louis, on nomma cet « ouvrage *les Etablissemens de S.-Louis.* »

Au contraire, le président Hénault n'hésite ni sur l'année où les établissemens ont été promulgués, ni sur leur auteur. Voici ce qu'il en dit (*) « Coutumes générales, connues sous le nom d'*Etablissemens de S.-Louis.* Ces établissemens dans lesquels S.-Louis comprit quelques lois de ses prédécesseurs, et plusieurs de celles qu'il avait publiées auparavant, sont une espèce de code qu'il fit faire peu de temps avant sa deuxième croisade. »

Le P. Hénault n'apporte pas de preuves de cette opinion. La nature de son ouvrage ne comporte pas les discussions. Mais sa rigoureuse exactitude, surtout pour ce qui tient à la législation, est une garantie en faveur de son sentiment.

Peu importe d'ailleurs qu'il n'entre pas dans le détail des preuves, si nous les trouvons dans d'autres auteurs.

Or le savant Laurière (**) a pris soin de répondre à l'argument tiré par Ducange, de l'énonciation qui se trouve dans Guillaume de Nangis.

Il réfute cet argument par deux raisons : « 1°. la date de Guillaume de Nangis est évidemment fausse, soit qu'il se soit trompé lui-même, soit que l'erreur se soit glissée dans son histoire, par la faute des copistes. Il est constant que S.-Louis mourut en Afrique, en arrivant à Tunis, *la même année* qu'il partit d'Aigues-

(*) Ad annum 1270.
(**) Préf. des ordonnances, tom. 1, nos. 52, 53.

mortes. Et comme tout le monde convient qu'il est décédé le 25 août 1270, il s'ensuit par une conséquence nécessaire, qu'il partit d'Aïguesmortes en 1270, et non en 1269, comme Guillaume de Nangis l'a écrit; ensorte que l'argument que l'on tire de cet auteur pour prouver que ces établissemens n'ont pu être publiés avant le départ du roi est faux, parce que S.-Louis fut près de deux mois à Aiguesmortes, avant de se pouvoir embarquer. »

2°. Le testament de S.-Louis, fait à Paris, en date du mois de février 1269, à la fin de cette année (*), est une preuve manifeste de la faute qu'il y a dans *Guillaume de Nangis*; car le roi étant parti vers le mois d'*Août suivant*, il faut nécessairement que ce *mois d'août suivant* ait été de l'année 1270. Et comme il est décédé le 25 du mois d'août, en arrivant en Afrique, il s'ensuit que c'est dans ce *mois d'août* 1270, ou autrement il faudrait dire qu'il aurait fait son testament après sa mort.

CHAPITRE II.

Les Etablissemens de S.-Louis sont-ils une loi ou un ouvrage?

Selon Montesquieu (**), S.-Louis, voulant dégoûter de la jurisprudence française, fit traduire les livres du

---

(*) Février était alors *la fin de l'année*, par ce que l'année à cette époque commençait la veille de Pâque. Ce n'est que sous Charles IX, en vertu de l'ordonnance de Roussillon de l'an 1564, que le commencement de l'année fut fixé au 1er. janvier.

(**) Tom. 3, pag. 253.

Droit romain, afin qu'ils fussent connus des hommes de loi de ce temps-là.

« Desfontaines, qui est le premier ouvrage de pratique que nous ayons, fit un grand usage de ces lois romaines; son ouvrage est en quelque façon un résultat de l'ancienne jurisprudence française, des lois ou établissemens de S.-Louis, et de la loi romaine.

« Beaumanoir fit peu d'usage de la loi romaine, mais il concilia l'ancienne jurisprudence française avec les établissemens de S.-Louis.

« C'est dans l'esprit de ces deux ouvrages et surtout de celui de Desfontaines, que quelques baillis, *je crois*, firent l'ouvrage de jurisprudence que nous appelons *établissemens*.

La différence de cet ouvrage d'avec ceux de Desfontaines et de Beaumanoir, c'est qu'on y parle en termes de commandement, comme les législateurs; et cela pouvait être ainsi, parce qu'il était un mélange de coutumes écrites et de loi. (*Montesq.* t. 3, p. 255, 256).

D'autres vont plus loin et disent que ces établissemens ne sont pas faits en forme d'ordonnances, parce qu'on y trouve plusieurs citations de *Canons*, de *Décretales* et de lois du *Digeste* et du *Code*; ce qui est, dit-on, sans exemple, dans tout ce que nous avons de lois de nos rois de la troisième race.

A cela, Laurière répond (*) qu'il ne s'ensuit pas que ces *Etablissemens* ne soient pas des *Ordonnances*, parce qu'il y a des citations de *Canons*, de *Décretales* et de lois du *Digeste* et du *Code*; car de quelque manière qu'ils aient été rédigés, il a suffi que le roi les ait autorisés pour leur avoir donné force de loi.

(*) Préf. des Ordonnances, tom. 1, pag. VIII, n°. 54.

Ce savant jurisconsulte s'appuie d'ailleurs sur ce que ces établissemens sont cités *comme lois* par des auteurs à-peu-près contemporains de S.-Louis, et sur ce que plusieurs dispositions sont reproduites et confirmées par des princes enfans et successeurs de ce saint roi. « Ainsi, dit-il (*), ces établissemens étant de *véritables* « *lois*, on n'a pas pu se dispenser de leur donner « place dans le recueil des ordonnances de nos rois. »

Reste toujours une difficulté proposée par Montesquieu. « Il y a grande apparence, dit-il (**), que le code « que nous avons est une chose différente des établis- « semens de S.-Louis sur l'ordre judiciaire. Ce code « cite les *établissemens*; il est donc un ouvrage sur « les établissemens, et non pas les établissemens. De « plus, Beaumanoir, qui parle souvent des établisse- « mens de S.-Louis, ne cite que des établissemens « particuliers de ce prince, et non pas cette compi- « lation des établissemens. »

CHAPITRE III.

Les établissemens étaient-ils ou non une loi générale?

Ducange, dans sa préface des *Etablissemens*, dit « qu'il n'est pas bien aisé de résoudre si ces établisse- mens ont été effectivement publiés par le roi S.-Louis en plein parlement, pour avoir force de lois, comme leur intulation semble dire en termes diserts.

« ..... D'autre part, ajoute-t-il, on pourrait se persuader que ces établissemens n'ont été dressés que pour être observés dans la prévôté de Paris, et dans

(*) Ibid, no. 56.
(**) T. 3, pag. 256.

les bailliages d'Orléans et de Touraine, dont les coutumes conservent encore à présent plusieurs articles, qui sont semblables en substance à ceux de ces établissemens. Il se peut faire encore que les établissemens de S.-Louis ont été tirés de ces usages, parce qu'ils contenaient la forme judiciaire qui était reçue pour lors, et décidaient plusieurs questions qui se présentaient à juger. Mais ce qui est ajouté en la préface, qu'ils ont été dressés pour être observés *dans toutes les cours layes de France*, fait voir clairement qu'ils furent dressés pour être observés dans toute l'étendue du royaume, ou du moins dans les terres qui étaient de l'*obéissance* du *roi*, ainsi qu'on parlait alors. De sorte que je me persuade que ce sont ces ordonnances que Philippe de Beaumanoir cite souvent sous le titre d'*establissemens le roi*; encore que ce terme soit général pour toutes sortes d'ordonnances. »

Laurière convient que ce titre d'*establissemens de France* est contesté par plusieurs savans qui prétendent que ces établissemens n'ont point eu force de loi, et qu'il n'est pas vrai qu'ils aient été faits et publiés en *plein parlement*. Mais il ne se rend pas à leurs raisons, et il les combat sur plusieurs points avec avantage. (*Ordonnances du Louvre, préface, tom. Ier., pag. vj et suivantes.*)

Montesquieu à son tour n'est pas de l'avis de Laurière; il prétend que « le code que nous avons sous « le nom d'établissemens de S.-Louis, n'a jamais été « fait pour servir de loi à tout le royaume, quoique « cela soit dit dans la préface de ce code. »

Il se fonde principalement sur l'impossibilité qu'il y aurait eu à changer ainsi tout d'un coup toute la jurisprudence existante, et à abolir toutes les coutumes locales et particulières pou les ramener à une règle commune et uniforme.

Il en tire l'induction que ce code ne fut pas confirmé en parlement par les barons et gens de loi du royaume, comme il est dit dans le manuscrit de l'hôtel-de-ville d'Amiens, cité par Ducange, dans sa préface des établissemens.

Il n'y a rien de si vague, dit-il ailleurs (*), que le titre et le prologue de ces établissemens qui ont été, sans doute, ajoutés depuis : d'abord ce sont les usages de Paris et d'Orléans et de cour de baronnie ; ensuite ce sont les usages de toutes les cours layes du royaume et de la prevôté de France ; ensuite ce sont les usages de tout le royaume et d'Anjou.

Tout cela lui fait penser que « ces prologues erronés « ont été mis par quelques ignorans à la tête de cet « ouvrage. »

Suivant lui, « il est visible que cet ouvrage fut fait pour Paris, Orléans et Anjou, comme les ouvrages de Beaumanoir et de Desfontaines furent faits pour les comtés de Clermont et de Vermandois. Et comme il paraît par Beaumanoir que plusieurs lois de S.-Louis avaient pénétré dans les cours de baronnie, le compilateur a eu raison de dire que son ouvrage regardait aussi les cours de baronnie.

L'opinion de Montesquieu me paraît la plus juste, la plus conforme aux mœurs du temps ; et je me rends surtout aux raisons qui suivent.

« S.-Louis voyant les abus de la jurisprudence, chercha à en dégoûter les peuples : il fit plusieurs réglemens pour les tribunaux de ses domaines et pour

(*) Pag. 254 et 255.

ceux de ses barons ; et il eut un tel succès que Beaumanoir (*chap.* 61, *p.* 309) qui écrivait très-peu de temps après la mort de ce prince, nous dit que la manière de juger établie par S.-Louis était pratiquée dans un grand nombre de cours des seigneurs.

« Ainsi ce prince remplit son objet, quoique ses réglemens pour les tribunaux des seigneurs n'eussent pas été faits pour être une loi générale du royaume, mais comme un exemple que chacun pourrait suivre, et que chacun même aurait intérêt de suivre. Il ôta le mal en faisant sentir le meilleur. Quand on vit dans les cours de quelques seigneurs une manière de procéder plus naturelle, plus conforme à la morale, à la sûreté de la personne et des biens, on la prit et on abandonna l'autre.

« Inviter quand il ne faut pas contraindre, conduire quand il ne faut pas commander, c'est l'habileté suprême. La raison a un empire naturel ; elle a même un empire tyrannique : on lui résiste ; encore un peu de temps, et l'on sera forcé de revenir à elle. » (*Liv.* 28, *chap.* 38.)

CHAPITRE IV.

Des élémens dont ce code est composé.

Dans l'opinion où est Montesquieu que les établissemens de S.-Louis ne sont que l'œuvre d'un compilateur, il dit : « Il est clair que celui qui fit cet ouvrage, « compila les coutumes du pays avec les lois et les « établissemens de S.-Louis. »

Ailleurs, nous avons vu qu'il l'appelle un code

obscur, confus, ambigu, où l'on mêle sans cesse la jurisprudence française avec la loi romaine.

Au chapitre 20 du livre 28, il dit encore : « Il y « avait un vice extérieur dans cette compilation : elle « formait un code amphibie, où l'on avait mêlé la « jurisprudence française avec la loi romaine. On rap- « prochait des choses qui n'avaient jamais eu de rapport, « et qui souvent étaient contradictoires. Il est im- « possible de faire une bonne jurisprudence de deux « jurisprudences contraires.

Ce reproche s'accroît encore si l'on considère que plusieurs régles de ces établissemens sont tirées des *Canons, du Décret et des Décretales.*

Mais malgré toutes ces imperfections, Montesquieu lui-même avoue que « cet ouvrage est très-précieux, parce qu'il contient les anciennes coutumes d'Anjou et les établissemens de S.-Louis, tels qu'ils étaient alors pratiqués, et enfin ce qui se pratiquait de l'ancienne jurisprudence française. »

Au milieu même des reproches qu'il lui adresse, il convient qu'on y trouve « un corps entier de juris- « prudence sur tous les cas, sur tous les points du « droit civil. »

Et en cela, il se trouve d'accord avec Laurière (*), qui dit que les établissemens de S.-Louis peuvent être regardés comme une espèce de *loy générale du droit français*, et comme une espèce de *code ancien du droit français.*

(*) Préf. des ord., tom. 1, pag. 6 et 9, nos. 46 et 60.

CHAPITRE V.

Utilité des Établissemens.

C'est moins par ce que les Établissemens peuvent paraître de nos jours, que par le grand bien qu'ils produisirent dans le temps, qu'il faut juger de leur mérite.

Ces établissemens ne furent pas long-temps en usage ; S.-Louis avait sûrement moins eu en vue d'établir une jurisprudence parfaite, que de diminuer les défauts de l'ancienne. Le premier pas pour arriver au bien était de détruire le mal, de même qu'on ne marche vers la civilisation qu'en s'éloignant de la barbarie. Le czar Pierre ne força pas d'abord les Russes à s'habiller à la française, mais il les força à couper leur barbe, et à quitter leurs longues robes.

Or « c'est dans le code de S.-Louis que se trouvent « réunies et consacrées les trois grandes causes qui ont « le plus contribué à diminuer l'orgueilleuse puissance « des seigneurs, et à donner à la justice un cours « plus constant et plus régulier : 1°. la défense des « guerres privées ; 2°. l'abolition du combat judiciaire ; « 3°. et la permission d'appeler aux tribunaux du « roi des sentences rendues par les justices seigneu- « riales.

« Si l'on considère à présent les difficultés que « S.-Louis eut à combattre, soit dans la barbarie qui « inondait alors l'Europe, soit dans la puissance des « nobles, soit dans les préjugés toujours difficiles à « déraciner, et toutes ces erreurs que le temps même, « dans sa course rapide, ne dépose que lentement, « on verra quel homme était Louis IX, et quelle

« vertu, quel courage, quelles lumières il fallait qu'il « eût reçus de la nature. » (S.-MARTIN, p. 25.)

Ce premier pas étant fait, on ne tarda pas à en faire un second; et les établissemens de S.-Louis qui avaient détruit de mauvaises coutumes, firent bientôt place eux-mêmes à un nouvel ordre de choses.

« Ses lois avaient ouvert de nouveaux tribunaux, ou plutôt des voies pour y arriver; et quand on put parvenir aisément à celui qui avait une autorité générale, les jugemens qui, auparavant, ne faisaient que les usages d'une seigneurie particulière, formèrent une jurisprudence universelle. On était parvenu par la force des Établissemens à avoir des décisions générales, qui manquaient entièrement dans le royaume: quand le bâtiment fut construit, on laissa tomber l'échafaud. Ainsi les Établissemens eurent des effets qu'on n'aurait pas dû attendre du chef-d'œuvre de la législation. Il faut quelquefois bien des siècles pour préparer les changemens; les événemens mûrissent, et voilà les révolutions. (MONTESQIEU, liv. 28, chap. 39.)

CHAPITRE VI.

Eloges qu'a mérités S.-Louis.

S.-Louis a mérité les éloges de son siècle et ceux de la postérité.

L'éminence de sa piété ne l'a jamais porté à sacrifier à la Tiare, les droits de sa couronne.

L'héroïsme de son courage n'ôta rien à ses vertus comme administrateur et législateur de son peuple.

Il est surtout renommé pour sa justice.

Il la rendait en personne. « Supérieur à toutes les passions, accessible et humain, sans pompe, sans gardes sous le chêne de Vincennes (*), où il vient juger les différends de ses sujets, il réunit à ses côtés, sur cet humble gazon, de Nesle, Sargines, Pierre de Fontaines (**), le comte de Soissons, Brienne et Joinville. Pleins de confiance et d'admiration, les laboureurs accourus au pied du trône, n'y voyent plus qu'un tribunal où sans délai, sans intermédiaire, leur roi les interroge, les écoute, et les renvoie également attendris de la bonté du monarque, et satisfaits de l'intégrité du juge. » (*Panégyrique de S.-Louis, par Maury*. p. 319 (1).

Mais de ce que S.-Louis jugeait alors, il ne faut pas en conclure que nos rois pourraient également juger aujourd'hui.

A une époque où tous les seigneurs rendaient eux-mêmes la justice à leurs vassaux, S.-Louis eût fait moins qu'un simple seigneur s'il n'eût pas aussi jugé ses propres vassaux.

Car il est bon de remarquer qu'il n'avait pas le droit de juger les vassaux de ses barons, mais seulement les

---

(*) Voyez Pasquier, recherches, liv. 2, pag. 43.

(**) Joinville dit que S.-Louis *commandait souvent à Monseigneur Pierre de Fontaines et à Monseigneur Geoffroy de Villette de délivrer les parties*, c'est-à-dire de les expédier et de les juger.

(1) Si l'on est curieux de savoir comment on procédait à ces audiences royales, il faut lire la 2e. dissertation de Ducange sur Joinville: *Des plaids de la Porte, et de la forme que nos rois observaient pour rendre la justice en personne.*

Voyez aussi la 14e. dissertation. En parlant des comtes du Palais, l'auteur rappelle comment s'administrait la justice sous la première et la deuxième races.

gens de ses domaines, ou pour employer l'expression des établissemens, les gens qui habitaient les *pays de l'obéissance le roi.*

De plus, et dans le désir qu'il avait de réformer les abus dans l'administration de la justice, et d'attirer à sa cour par la voie des appels, les causes jugées en première instance, dans *les pays hors de l'obéissance le roi,* il importait qu'il donnât à ses tribunaux une grande réputation d'équité; et il n'y en avait certainement pas de meilleur moyen que de juger en personne, et d'y employer ses lumières et sa droiture (1).

Du reste, il est si vrai que S.-Louis jugeait plutôt comme *seigneur féodal juge naturel de ses vassaux*, que comme *roi dont l'autorité s'étendit sur toute la France;* qu'à l'époque de son règne, tous les arrière-vassaux se trouvaient dans une entière indépendance de l'autorité royale. Le président Hénault n'a pas manqué d'en faire la remarque.

« S.-Louis prêt de s'embarquer pour la cinquième Croisade, envoya tous les barons de son royaume à Paris, pour leur faire prêter serment, que, s'il arrivait faute de lui dans son voyage d'outremer, ils s'engageaient à reconnaître ses enfans pour successeurs. Joinville, qui sûrement était bien attaché au roi, fut convoqué comme les autres; *mais moi*, dit-il, *qui*

---

(1) Cela était fort bon pour ce temps là. Mais à mesure que le pouvoir des grands vassaux a diminué, et que l'autorité royale a repris des forces, s'il est demeuré en principe que *toute justice émane du Roi*, il est aussi devenu de règle qu'elle doit être *administrée en son nom par des magistrats indépendants, et non par lui-même.*

J'ai développé cette proposition dans le §. 3, de mes Observations sur l'ordonnance du 24 juillet 1815.

n'étais point sujet à lui, ne voulus point faire le serment, et aussi n'était point mon intention de demeurer. Sur quoi Ducange, dans ses dissertations 13 et 14, établit solidement que c'était une suite de la loi des fiefs, qui défendait aux arrière-vassaux de rendre ni serment ni hommage, à raison de leurs fiefs, à leur seigneur dominant, ne devant reconnaître que leur seigneur immédiat, dont ils étaient spécialement les sujets. Telle était en effet la jurisprudence d'alors, ce qui se confirme par l'article des établissemens de S.-Louis, que ce prince publia, lors de son dernier voyage en Afrique, où il est dit que le vassal est obligé, sous peine de confiscation de son fief, de suivre son seigneur à la guerre, contre le roi même, dans le cas où le roi aurait refusé justice à son seigneur. Ce même Joinville écrivant une lettre à Louis le Hutin, le prie de l'excuser s'il ne l'appelle que *son bon seigneur*, parce qu'il ne doit le titre de *monseigneur* qu'au comte de Champagne son suzerain (Ducange). Etrange effet de l'autorité usurpée! mais qui s'était étendu même au-delà de notre France, puisque l'empereur Frédéric Ier, pour détruire un pareil abus, marque expressément dans son ordonnance du camp de Ronçal, qu'il entend que l'empereur soit nommément excepté du serment de fidélité que le vassal prêtera à son seigneur. » (HÉNAULT, *ad annum* 1270.)

Montesquieu établit aussi que « quand les rois faisaient des ordonnances pour les pays *de leurs domaines*, ils n'employaient que leur seule autorité; mais quand ils en faisaient qui regardaient aussi les pays de leurs barons (1), elles étaient faites de concert

(1) Voyez les ordonnances du commencement de la troisième race,

avec eux, ou scellées ou souscrites d'eux. Sans cela, les barons les recevaient ou ne les recevaient pas, suivant qu'elles leur paraissaient convenir ou non au bien de leurs seigneuries. Les arrière-vassaux étaient dans les mêmes termes avec les grands vassaux ».

Et il remarque en particulier, « que les Établisse-« mens ne furent reçus que par ceux d'entre les sei-« gneurs qui crurent qu'il leur était avantageux de « les recevoir. »

Un jeune poète qui vient de se signaler à son début dans la carrière, par la brillante tragédie de *Louis IX*, décrit en ces termes les circonstances au milieu desquelles ce grand roi entreprit les croisades, et fonda ses Établissemens. Le roi parle au sire de Joinville :

Sais-tu si les combats où je vous ai guidés,
Par de grands intérêts n'étaient pas commandés?
Tu ne vois que tes maux; ton désespoir m'accuse.
Eh bien! lis dans mon cœur et connais mon excuse.
Vainement, tu le sais, au sein de nos remparts
Je voulus appeler le commerce et les arts;
Ces comtes, qui du haut de leurs châteaux antiques,
Font gémir mes sujets sous leurs lois despotiques,
Tyrans dans mon royaume, et vassaux turbulens,
Sans relâche occupés de leurs débats sanglans,
Détruisaient mes travaux, déchiraient la patrie,
Dans son premier essor arrêtaient l'industrie;
Divisés d'intérêts, unis contre leur roi,
Je les trouvais sans cesse entre mon peuple et moi;
Signalant tour à tour leurs fureurs inhumaines,
Ils promenaient la mort dans leurs vastes domaines;
Et des soldats français l'un par l'autre immolés,

---

dans le recueil de de Laurière, surtout celle de Philippe Auguste, sur la juridiction ecclésiastique, et celle de Louis VIII, sur les Juifs; et les chartes rapportées par Brussel, notamment celle de S.-Louis, sur le bail et le rachat des terres, et la majorité féodale des filles, tome II, liv. 3, pag. 35, et ibidem, l'ordonnance de Philippe Auguste, pag. 7.

Le sang coulait sans gloire en nos champs désolés !
Il fallut des combats leur ouvrant la carrière,
Offrir un but plus noble à cette ardeur guerrière.
Tu te souviens qu'alors de pieux voyageurs
Pour nos frères captifs implorant des vengeurs,
D'un zèle saint en nous ranimèrent la flamme;
Aux regards des Français déployant l'Oriflamme,
Je leur montre la gloire aux rives du Jourdain;
Ils entendent ma voix, s'arrêtent et soudain,
Oubliant leurs discords et déposant leurs haines,
Ils marchent réunis vers ces plages lointaines.
Quels plus nobles dangers leur pouvaient être offerts !
Délivrer les chrétiens gémissans dans les fers;
Rendre Jérusalem à sa splendeur première,
En chasser l'infidèle et rompre la barrière
Qui du tombeau sacré nous défendait l'accès;
Tel devait être, ami, le fruit de nos succès.
Là s'arrêtaient vos vœux, et non mon espérance !
Jette avec moi, Joinville, un regard sur la France.
Avant de condamner les sermens que j'ai faits,
De ces combats lointains contemple les effets.
Libre de ses tyrans, mon peuple enfin respire;
La paix renaît en France, et la discorde expire;
Le commerce avec nous transporté sur ces bords,
Aux peuples rapprochés prodigue ses trésors.
L'aspect de ces climats, depuis long-temps célèbres,
Déjà de l'ignorance éclaircit les ténèbres;
Et sur nos pas les arts allumant leur flambeau
Vont remplir l'occident de leur éclat nouveau;
Déjà des grands vassaux l'autorité chancelle !
Je sais ce qu'entreprend leur audace rebelle,
Joinville, et m'instruisant aux leçons du passé,
Je suivrai le chemin que Philippe a tracé;
Aux tyrans de mon peuple, arrachant la puissance,
Eveillant la justice, enchaînant la licence,
Au secours de mes lois j'appellerai les mœurs,
J'abaisserai les grands, et, malgré leurs clameurs,
Père de mes sujets, détruisant l'anarchie,
Je veux sur ses débris asseoir la monarchie.

CHAPITRE VII.

Editions des Établissemens.

La première édition des *Établissemens* a été donnée par Ducange en 1658, à la suite de l'histoire de Joinville.

Cette édition fut faite sur un manuscrit qui avait appartenu au sieur *Chantereau Lefevre*, trésorier de France à Soissons, dont la copie fut conférée sur un autre manuscrit qui avait appartenu à feu M. *Nublé*, ancien avocat.

Ducange annonce que ces mêmes établissemens se trouvaient insérés dans un registre de l'hôtel public de la ville d'Amiens, intitulé sur le dos *lois*; avec ce titre : *Les Establissemens de France ordonnéz et confirméz en plein parlement par les barons du royaume et les docteurs en loix*. Mais parce que ce registre s'est trouvé engagé dans un procès, Ducange n'a pu s'en servir pour son édition.

C'est dommage; car, selon toute apparence ce registre eût été plus exact que les deux manuscrits sur lesquels Ducange a travaillé, et son édition n'eût pas été, comme l'a remarqué Laurière (*), *remplie de fautes*.

Ducange a joint à son texte quelques notes, mais il observe lui-même que « ce fut assez précipitamment, « et seulement en parcourant les feuilles depuis leur « impression. »

Laurière voulant rendre plus correcte l'édition qui

(*) Préf. t. 1, des Ordonnances, n°. 57.

se trouve dans le tome Ier. des Ordonnances du Louvre, a eu recours à *quatre autres manuscrits qu'il a conférés exactement les uns avec les autres;* au moyen de quoi il a fait en tête plusieurs corrections, sans lesquelles bon nombre de chapitres n'auraient peut-être jamais été entendus.

Quant aux observations, Laurière, tout en convenant que celles de Ducange sont très-savantes et très-curieuses, dit qu'il a jugé à propos de ne les pas donner, parce que n'étant qu'historiques et philologiques, elles convenaient peu à la compilation des Ordonnances, qui est un ouvrage de droit; « mais, dit-il, on en a fait « de *nouvelles*, beaucoup plus amples et qui seront « plus utiles à ceux qui veulent prendre notre droit « dans sa source, et en connaître les premiers et les « vrais principes. »

En 1786, l'abbé de S.-Martin, conseiller au Châtelet, en a donné une troisième édition in-8o. Ce magistrat, pour diminuer les difficultés qui naissent pour le lecteur de la barbarie du langage et de l'obligation de s'aider à chaque instant de notes et de glossaire, après avoir donné le texte pur accompagné d'une espèce de commentaire, y a joint ce qu'il a raison d'appeler une *traduction des establissemens.*

LE SONGE DU VERGIER.

Somnium viridarii.

ATTRIBUÉ A RAOUL DE PRESLE, Mort en 1382.

Le songe du Vergier (du clerc et du chevalier) a été écrit contre les entreprises de la cour de Rome, sous les yeux et par l'ordre de Charles V roi de France à qui il fut dédié.

Il est de 1370 ou même de 1374.

C'est à tort qu'on l'a attribué à *Philippe de Maizières* ministre d'État sous Charles V, et à *Jean de Vertus*. Celui-ci n'a jamais existé. On a plus que des conjectures pour faire honneur de cet ouvrage à *Raoul de Presle* (*), maître des requêtes du même roi Charles V. Cependant on l'attribue assez communément à *Charles-Jacques de Louviers*; plusieurs autres disent même qu'il en a été récompensé par une charge de conseiller d'État.

Ce livre parut d'abord en français en 1491; et fut réimprimé en 1501. Goldast l'a inséré dans son recueil *de monarchiâ*. Il se trouve aussi dans la dernière édition du recueil des *Libertés de l'église gallicane*. Voyez

(*) « Hénault : Le songe du Vergier a été fait, dit-on, en 1374. « Entre plusieurs auteurs a qui on en fait honneur, il me semble que « c'est à Raoul de Presle, qu'il doit rester. Il traite de la puissance « ecclésiastique et séculière. (*Hénault*, *pag.* 341.)

le *dictionnaire de Moreri*, et la *bibliothèque de la France du père Lelong*, tom II, nº. ....

L'édition latine de ce livre est plus ample que l'édition française. Les deux ouvrages sont différens pour le nombre et pour l'arrangement des chapitres. On trouve également à la fin de l'un et de l'autre la dédicace à Charles V.

Mais le latin est-il l'amplification du français? Le français est-il l'abrégé du latin? C'est une question controversée entre les critiques — Lacroix du maine dans sa *bibliothèque;* Lancelot, *mémoires de l'académie des belles lettres*, tom. XIII, pag. 659; De la monnaie dans une lettre mise à la tête de l'édition française, pensent que ce livre a été composé en latin, et ensuite traduit en français.

Dans ce cas, je demanderais pourquoi les traductions ont paru avant l'original? N'était-il pas plus à propos de le publier en latin, puisque Charles V l'avait fait composer pour l'opposer aux prétentions des ecclésiastiques?

En effet, ce songe n'est autre chose qu'un livre de jurisprudence, ou si l'on veut de droit public en faveur de la jurisdiction séculière contre les entreprises de la jurisdiction ecclésiastique.

L'auteur, pour mettre cette matière à la portée de tout le monde, imagine le câdre d'un *songe* à l'imitation du *roman de la rose* qui alors était dans la fleur de sa réputation.

Etant endormi au milieu d'un *verger*, l'auteur est témoin, en songe, d'une dispute entre un *chevalier* attaché au roi et aux prérogatives de la couronne, et un *clerc* dévoué au pape, et grand partisan de la jurisdiction ecclésiastique.

Tous les deux se livrent des assauts, et s'attaquent par des argumens pour défendre leur système; mais le chevalier l'emporte sur son adversaire qui finit par s'avouer vaincu.

Sous cette enveloppe légère, le *songe de Vergier* fut toujours considéré comme un ouvrage profond qui a le mieux exposé et développé les principes de la matière.

Il est souvent cité dans le savant Traité qui a pour titre : *Maximes du droit public français.* Et cela n'est pas étonnant, car, ainsi que le remarque Camus, *biblioth.* n°. 1261, « l'auteur du songe du Vergier ne s'élève pas seulement contre le despotisme de la cour de Rome, il s'élève avec une égale force contre celui des princes ».

Appendice à l'article sur le Songe du Vergier.

On place à l'an 1305, et l'on attribue à Guillaume Occam la publication d'un *Dialogue entre un chevalier et un clerc*, qui a peut-être donné l'idée de faire le *Songe du Vergier* en France.

Cet écrit est en vieux anglais.

A dialogue between a knight and a clerck, concerning the power spiritual and temporal., *in*-8°., *London*, 52 pages, sans date et sans nom d'auteur. Il a été réimprimé dans *the librarian*, *by James Savoye, in* 8°., *London*, 1818, *tom. I, pag.* 167. Il est en latin dans Goldast, *monarchia*, *etc.* Ce petit traité a aussi été réimprimé à Paris. Voyez Richard, Dictionnaire des sciences ecclésiastiques, article *Occam*.

L'objet de ce dialogue est de démontrer que les biens ecclésiastiques doivent être considérés comme ceux des laics, soumis aux impôts, et que le pape n'a aucune jurisdiction sur le temporel.

L'auteur distingue en Jésus-Christ deux états. L'un d'humiliation; l'autre, de pouvoir et de majesté. Après sa résurrection, St. Pierre fut établi vicaire de Jesus-Christ pour l'état d'humiliation seulement, car le divin maître n'a prétendu exercer aucune autorité sur le temporel.

SECTION II.

ANCIENS LIVRES DE DROIT ET DE PRATIQUE.

LE CONSEIL

Que Pierre Defontaines, donna à son ami, et à tous les autres (*).

Pierre Defontaine vivait sous St-Louis. Il fut maître des requêtes de ce grand roi. « Cet auteur, dit le pré- » sident Hénault, peut être regardé comme le plus » ancien jurisconsulte de notre droit français. »

Pierre Defontaine, dans le *prologue qu'il a mis devant le livre, que il donne à son ami*, dit lui-même que personne avant lui n'avait entrepris d'écrire sur cette matière : « Nus n'enprist onques mais devant moi ceste » chose dont j'ai. »

C'est ce qui rend son travail plus précieux pour l'intelligence de notre ancien droit ; et c'est aussi ce qui dut augmenter la peine que Pierre Defontaine prit à le composer.

Car il se plaint (dans ce même prologue que j'ai déjà cité), de ce que les anciennes coutumes que les prud'hommes étaient dans l'usage de garder et de pratiquer, ont souffert beaucoup d'atteintes de la part tant des

(*) Composé en 1253.

baillis et des prévôts « qui plus entendent à leur vo-» lonté faire, que à user des coutumes » ; que par le fait de ceux qui adhèrent plus volontiers à leurs avis, *qu'aux faits de anciens* ; « tellement que le pays est bien « à-peu-près sans coutume. »

Il en résulte, dit-il, que, par la grande difficulté qu'on éprouve à les constater, *celui-là perd, qui aurait dû gagner.*

PierreDefontaine entreprend de débrouiller ce cahos.

Son livre porte le titre modeste de *Conseil à son ami.*

En effet, il paraît par le prologue de ce livre, qu'il se détermina à le composer à la prière d'un seigneur qui voulait que son fils *s'entendit ès lois, afin qu'il sût faire droit à ses sujets, et retenir sa terre selon les lois du pays, et selon les coutumes pratiquées en cour laye: et qu'il sût aussi ses amis conseiller, dans l'occasion.*

Malgré ce que cette dédicace annonce de particulier, l'ouvrage de Pierre Defontaines n'en est pas moins général ; il est « escrit selon les usages et les coutumes du » pays et de *toutes* les cours layes », et la rubrique du chapitre 2, porte après ces mots *conseil de Pierre Defontaines à son ami*, ceux-ci *et à tous autres.*

Aussi Ducange n'a-t-il pas fait difficulté de donner pour second titre à cet ouvrage: *Traité de l'ancienne jurisprudence des Français.*

Montesquieu (liv. 28, chap. 38) dit que « cet ou-» vrage est en quelque façon le résultat de l'ancienne » jurisprudence française, des lois ou établissemens de » St-Louis, et de la loi romaine. »

Le traité de Pierre Defontaines, reçut depuis le titre de *Livre de la reine Blanche*, parce qu'il s'est trouvé inséré dans un volume qui portait ce titre au dos, DUCANGE, *Prélim. des établissemens de St-Louis.* Chopin qui en a publié quelques extraits, lui donne celui-ci : *Li livres la reigne, et enseigne droit à faire, et justice à tenir très espéciaument.* (*sur Anjou, liv.* 1 , *chap.* 75 , *n*°. 5). (adde CARONDAS , Pandectes , *liv.* 1, *chap.* 2 , *in fine.*).

Les auteurs de la Bibliothèque des Coutumes , page 163, paraissent cependant croire que le *Conseil de Pierre Defontaines*, et son *Livre à la reine Blanche*, sont deux ouvrages différens. Malgré toutes mes recherches, je n'ai jamais vu ce prétendu *Livre de la reine Blanche*.

LIVRES

Des Coustumes et Usages de Biauvoisins, selonc ce qu'il courait au temps que cist livres fu fez : c'est assavoir en l'an de l'incarnation nostre Seigneur 1283.

« *Défontaines* était contemporain de St-Louis, *Beaumanoir* écrivait après lui, les autres ont vécu depuis lui ». (MONTESQ. *liv.* 28, *chap.* 23).

Son éditeur (*), dit que « les *coutumes de Bauvoisis* écrites par Philippe de Beaumanoir (**) sont *les plus anciennes* qui aient paru jusqu'à présent, de celles où les matières sont traitées avec méthode, et divisées par titres ou chapitres. Elles contiennent toutes les maximes de notre ancien droit coutumier; et sont *l'origine et la source* de celui qui est à présent en usage. »

Montesquieu (*liv.* 26, *chap.* 15) appelle l'ouvrage de Beaumanoir, un *admirable ouvrage*; aussi, le cite-t-il à chaque instant.

Ducange, (dans sa préface des Établissemens de St-Louis) dit « qu'entre les traités qui ont été écrits sur notre ancien droit, *le plus curieux*, est celui de Philippe de Beaumanoir. Ce volume est assez gros et contient 70 chapitres, qui traitent fort au long de diverses matières sur l'ordre judiciaire de ce tems-là; et avec beaucoup d'exactitude; en sorte que ce que Bouteiller a écrit depuis en sa Somme rurale, n'est rien en comparaison de ce qui se lit dans cet auteur. »

Il ne faut pas s'étonner après cela, de le voir cité si

(*) La Thaumassière, en 1690.
(**) Il signait *de Biaumanoir*.

souvent par nos meilleurs jurisconsultes, tels que Chopin, Carondas, Loisel, Pithou, Brodeau, Ducange, *et Dumoulin qui en a tiré les plus belles maximes du Droit français* (est-il dit dans les additions au commentaire de Ricard sur la coutume de Senlis).

Beaumanoir fait peu d'usage de la loi romaine; il semble surtout s'être attaché à concilier l'ancienne jurisprudence avec les réglemens de St-Louis.

Montesquieu qui fait cette remarque(*liv.* 28, *chap.* 38,), en fait une autre au *chap.* 27 du même livre. A propos d'une opposition qu'il relève entre Défontaines et Beaumanoir, il observe que « ces différences viennent de ce que dans ces tems-là, il n'y avait guère d'usages qui fussent précisément les mêmes. Beaumanoir rendait compte de ce qui se passait dans le comté de Clermont; Défontaines, de ce qui se pratiquait en Vermandois. »

Carondas avait promis une édition de Beaumanoir; mais il ne l'a pas donnée. Celle de La-Thaumassière à été imprimée à Paris en 1690. Elle est fort correcte. Il a fait imprimer le texte, tel qu'il est sorti des mains de l'auteur, *sans rien changer ni des termes, ni même de l'ortographe*; et il a bien fait; car l'expérience a prouvé que les anciens auteurs perdent toujours quelque chose à être traduits.

Du reste La-Thaumassière a enrichi ce texte d'excellentes notes pour expliquer les endroits les plus obscurs, et pour faire voir la conformité qui se trouve entre les maximes contenues dans cet ancien auteur, et la jurisprudence gardée au palais à l'époque où il donna son édition (en 1690).

C'est encore un livre qui probablement ne sera jamais réimprimé.

JEAN DE MONLUC.

Compilation des arrêts du Parlement de Paris, sous Philippe le Bel, par Jean de Monluc: intitulée Olim (*).

A peine le Parlement fût-il un corps fixe, qu'on commença à compiler ses arrêts. *Jean de Monluc*, sous le règne de *Philippe le Bel*, fit le recueil qu'on appelle aujourd'hui les Registres *Olim*. (MONTESQUIEU, *livre* 28, *chap*. 39, in fine.)

« Jean de-Monluc, greffier du parlement de Paris, s'avisa le premier de faire des recueils de plusieurs arrêts qu'il fit relier ensemble, et qui se nommèrent *regestum quasi iterùm gestum*, parce que c'était des copies : ils sont encore dans le dépôt du parlement ; et on les nomme les Olim. » (HÉNAULT *ad an*. 1313).

Il existe dans les *Archives judiciaires* au Palais, quatre volumes petit in-f°. qui portent sur le dos *Olim*.

Je les ai vus, tenus et parcourus.

Ils sont reliés en peau, écrits sur parchemin.

Le premier volume a 198 feuillets.

Les premières pages en sont très-fatiguées et toutes noircies, ce qui empêche de les lire.

Ce premier volume, le seul je crois qui soit de Monluc, ne commence point par le mot *olim*, comme on pourrait le croire par le titre donné à cette collection.

(*) Année 1313.

Ce mot se trouve seulement en tête de la première page du second volume.

On n'y trouve pas le texte même des arrêts. Ce ne sont le plus souvent que des extraits, qui ne portent la signature de personne.

Le premier comprend les années 1254 - 1273.

Le deuxième, depuis 1274 - 1296.

Le troisième et le quatrième, depuis 1299 - 1318.

Dans le premier volume, les arrêts ne se trouvent point par ordre de date. L'année 1257 se trouve avant l'année 1254.

On ajoute foi à ce que ces registres contiennent, non à cause de leur authenticité, puisqu'ils ne sont pas dans une forme légale; mais à cause de leur antiquité qui n'a jamais été révoquée en doute. *In antiquis enuntiativa probant.*

Ils sont les premiers de la collection qui se continue ensuite jusqu'à la suppression du parlement de Paris.

GUILLAUME DU BREUIL,

Stylus Parlamenti, auctore Guillelmo de Broglio, in supremâ Parisiensi curiâ advocato. (En 1330.)

Ce Style contient les usages et formules du palais à cette époque : monument curieux qui a été conservé par Dumoulin, en 1515, dans le second volume de ses œuvres.

Dubreuil, quoiqu'il ait écrit pour les praticiens, n'en faisait pas grande estime. Car après avoir dit qu'un homme de bien rougit de soutenir une mauvaise cause ; il ajoute : mais il en est autrement d'un procureur ; *sed procurator non erubescet pravam causam sustinere ; cùm non constituatur de melioribus hominibus, ut in pluribus qui magis de facili laxant conscientias suas.* (Styl. Parlam. part. 1, cap. 13).

On voit par cet échantillon du style de Dubreuil qu'il méritait bien ce que Dumoulin a dit de lui ; qu'il était *omnis latinitatis bonarumque litterarum expertus.* Cependant Dumoulin ne se piquait pas lui-même d'écrire élégamment.

En 1495, *Aufrere*, professeur et conseiller au Parlement à Toulouse, et président aux enquêtes, publia des *Notes et observations* sur le vieux style du parlement de Dubreuil ; il y joignit les Décisions de la chapelle Tolosane (c'est-à-dire, de la jurisdiction archi-épiscopale).

Dumoulin en parle avantageusement dans sa *préface*. Il est aussi fait mention de Dubreuil dans le dialogue des avocats de Loisel, édit. de 1818, in-8°, pag. 233 et 234.

DÉCISIONS

DE MESSIRE JEAN DESMARES(*),

Conseiller et Avocat du Roi au Parlement, sous les Rois Charles V et VI, dans lesquelles sont transcripts les usages et coutumes gardées en la Cour du Châtelet, et certaines sentences données en plusieurs cas notables.

Jean Desmares ou Desmarets, simple avocat en 1350; conseiller au parlement de Paris, en l'année 1372, et depuis avocat-général sous les rois Charles V et Charles VI.

Il mourut en 1383, victime de la haine des Princes qui ne lui pardonnèrent pas d'avoir servi l'Etat préférablement à leurs intérêts particuliers.

Juvenal des Ursins dit que c'était un *notable clerc et de grande prudence*; Nicolle Giles l'appelle *grand et sage homme et fort authorisé*; Papire le Masson l'appelle aussi *advocatus magnæ authoritatis.*

Nous lui devons les *Décisions* qui portent son nom. C'est un recueil d'*Arrêts*, de *Consultations* et de *Jugemens sur arbitrages.*

M. Fournel dit que cet ouvrage parut en 1360, mais il se trompe certainement, car la seconde de ces décisions est datée du 17 avril 1363.

(*) Mort en 1383.

Brodeau a le premier fait imprimer ces Décisions à la suite de son commentaire sur la Coutume de Paris. « Je les ai fait imprimer à la suite du présent commen-» taire, dit-il, parce qu'elles contiennent les princi-» paux articles de la Coutume de Paris; c'est-à-dire, » du *droit commun et coutumier de la France* ».

Ces Décisions sont au nombre de 422. La première commence par ces mots, *il est de coutume par tout le royaume de France*; elles sont ordinairement conçues en peu de mots, à peu-près comme les lois qui sont dans le Digeste au titre *de Regulis juris*. Parmi ces règles, il y en a qui sont plutôt des *conseils* que des *décisions*. Témoin celle-ci, qui d'ailleurs est fort bonne en soi, que « *li advocats doivent acquérir et garder* » *l'amour du juge.* » (n°. 411)

Dans le même volume, Brodeau a encore fait imprimer un manuscrit ayant pour titre :

Coutumes tenues toutes notoires et jugées au chastelet de Paris.

Ces *Coutumes notoires* sont des espèces d'actes de notoriété, au nombre de 186, concernant les principales difficultés des Usages et Coustumes de la Prévôté et Vicomté de Paris, décidées par sentences du Prévôt de Paris, depuis l'an 1300 jusqu'en 1387.

Les divers articles de ces Coutumes ont été rédigés de l'avis des lieutenans, conseillers, avocats, examinateurs, procureurs au chastelet, même de gentilshommes, chevaliers, escuyers, marchands, bourgeois, artisans et autres qui sont dénommés par leurs noms, dans plusieurs de ces actes, faits judiciairement, suivant la forme observée à cette époque, *pour la preuve et véri-*

fication des coustumes, non encore rédigées par escript, d'authorité publique et royale.

Aussi, selon Brodeau (pag. 526) « ceux qui se donneront la peine de les lire, avoueront avec moi que c'est la vive source, dont on a tiré le cahier qui fut présenté en 1510 à MM. les commissaires, lors de la rédaction de la Coutume de Paris. Il en est fait mention au procès-verbal.

On remarque dans le manuscrit des *Coutumes notoires*, que quand la coutume alléguée et proposée en jugement par l'une des parties, pour l'établissement ou la défense de son droit, était constante, certaine et non révoquée en doute par l'autre partie, le procureur ou le greffier, écrivait sur la Cédule et sur l'étiquette, *notissima* ou *confessata fuit per partem*. Si au contraire, la coutume était contestée, on avait recours à la preuve, on prenait l'avis des témoins et l'on mettait, *probata*. Ainsi on voit *probata per quatuordecim testes. Probata in turbâ. Prædicti viginti deponunt esse verum*.

Brodeau a fait pour ces Coutumes et pour les Décisions de Jean Desmares, comme La-Thaumassière pour Beaumanoir. « Il les a données, dit-il, aux mesmes » termes qu'ils sont conçus, c'est-à-dire, dans la naï» veté du langage, même de l'ortographe, en façon » d'escrire du tems, qui fera respecter les rides de » l'antiquité. ».

En marge des *Décisions* et des *Coutumes notoires*, Brodeau à joint, 1°. des sommaires qui, en général, sont bien faits, et répondent exactement au sens du texte. Cela est fort commode pour les *Coutumes* qui sont rédigées avec une certaine étendue; mais il aurait pu s'en dispenser pour les *Décisions*, qui souvent sont plus courtes que leur sommaire.

2°. Brodeau a cotté sur les marges extérieures tous les articles de la nouvelle *coutume de Paris* qui se rapportent aux *coutumes notoires* et aux *décisions*; parce que dans son commentaire, il cite souvent ces décisions et coutumes notoires « qui esclaircissent grandement » le droit civil parisien, c'est-à-dire le *droit français* » et la *coutume générale de la France.* »

Aux *Coutumes notoires* données par Brodeau; il faut joindre un autre recueil que Laurière a intitulé:

Les anciennes Constitutions du châtelet de Paris.

Elles se trouvent imprimées dans le troisième volume de son commentaire sur la coutume de Paris. Il y a joint quelques notes. Elles comprennent 84 articles.

Je n'ai pas trouvé la date de ces *Constitutions*; mais (à en juger par les termes qui y sont employés et par l'orthographe des mots), je les crois plus anciennes que les *coutumes notoires*; d'ailleurs il y est encore question de *gages de batailles* (articles 37 et 56.); du tems de Jean Desmares la procédure avait fait plus de progrès.

Il y est également question de la *procédure civile* et de la *procédure criminelle.*

Laurière a pris le titre de *constitutions* qu'il a donné à ce livre, dans le préambule qui est en tête, et que nous rapporterons en entier, parce qu'il donne une idée assez nette de ce que renferme l'ouvrage.

CI PAROLE ET DIST DE PLUSORS CONSTITUTIONS: *C'est assavoir sur tous cas, et jusques là où il a péril de perdre vie ou membre; et comment on doit plaidier en demandant et deffendant.*

« Ci commence li livre qui enseigne comment l'on doit proposer à parler devant tous juges et espéciaument en court laye. Premièrement, comment li demandeur doit former sa demande ; et comment il doit plaidoier. Et après, comment li deffendeur se doit deffendre, et comment l'on doit barroyer (*) tantôt, car l'on ne barroye en cour laye qu'une fois. Et comment l'on doit faire les exceptions peremptoires, et dilatoires, et déclinatoires ; et comment l'on doit former action peremptoire, et comment li deffendeur s'en peut deffendre en lieu et en temps ; et comment l'on doit former action réel. »

A tous ces Recueils concernant l'ancienne Jurisprudence observée au Châtelet de Paris, on doit joindre le Recueil beaucoup plus moderne qui atteste le dernier état de cette Jurisprudence, et qui a pour titre :

Actes de notoriété, donnés au Châtelet de Paris, avec des notes, par Denizart. Paris, 1769, in-4°.

Ce recueil est loin d'être complet. M. Terrasse, garde actuel des *Archives judiciaires* dans lesquelles il a su mettre un si bel ordre, se propose de publier sous le titre de *Supplément*, les actes omis par Denizart.

(*) Proposer des exceptions : *barres* ou *exceptions*.

LE GRAND COUTUMIER

DE

CHARLES VI.

J'ai enfin trouvé ce vieil in-4°., que je voyais cité dans tous nos anciens auteurs, quelquefois par les modernes, et qui est si rare, que ni les libraires ni les bibliothécaires ne pouvaient me le montrer.

J'en ai vu deux éditions *gothiques*, qui sont toutes deux à la bibliothèque de cassation (1), reléguées au plus haut rayon, dans la région la plus poudreuse et la moins fréquentée.

La première n'indique pas l'année où elle a été imprimée; elle relate une précédente édition, moins ample.

La seconde ne paraît être qu'une réimpression de la première; elle est datée de 1515 : l'exécution typographique est moins grossière.

Les deux sont in-4°.

Elles portent pour titre,

« LE GRANT COUTUMIER DE FRANCE et instruction
» de pratique et manière de procéder et pratiquer ès
» souveraines cours de parlement, prévosté et vicomté

(1) Toutes deux viennent de l'ancienne bibliothèque des Avocats de Paris; le cachet de l'ordre est empreint sur le titre, et sur une foule d'autres livres qu'on pourrait aisément nous rendre, si l'on voulait exécuter à notre égard la loi du 5 décembre 1814, sur la restitution des biens confisqués et restés invendus.

» de Paris et autres jurisdictions du royaume de France,
» nouvellement revu, corrigé.

— » Adapte : le droit, la coustume et ordonnances
» royaulx et plusieurs arrêts de la court de parlement
» selon les matières et ès cas occurrens, avec l'extrait
» du style de la cour et manière de faire les assigna-
» tions et appoinctemens. — Adjouste, outre la pre-
» mière impression, les ordonnances des eaux et forests,
» contenant LXXV articles, avec l'arbre de consan-
» guinité et affinité, et plusieurs autres additions. — ».

Camus dans sa bibliothèque de droit dit : « ce *Coutumier* est fort utile pour l'intelligence de l'ancienne procédure ; il est *antérieur* à la *Somme rurale* de Bouteiller : on le cite communément sous le nom de *grand coutumier de Charles VI.* »

Il l'indique sous ce titre

Le grand coutumier de France, publié par Carondas Le Caron, Paris, 1598, *in*-4°.

Cette édition étant plus moderne, devrait être moins rare que les deux autres ; mais elle ne m'est pas encore tombée sous la main.

On peut se demander

1°. Si ce coutumier a réellement été fait sous Charles VI ?

2°. Quel en est l'auteur ?

L'opinion que ce coutumier a été fait sous Charles VI, repose sur une tradition ; car je ne vois rien dans le livre même, qui puisse nous fixer à cet égard.

L'édition de 1515 est revêtue en tête de deux priviléges ; l'un de Louis XII, en 1514 ; l'autre de François Ier., en date de l'année suivante.

Mais le style prouve que l'ouvrage est beaucoup plus ancien que le règne de ces princes.

L'auteur ne se nomme pas. Il parle fort modestement de lui dans un *prologue* dont le protocole commence par ces mots : *A tous ceux qui ce petit et très-requis Traictié vouldront estudier, lire et revolver, salut et dilection.*

Il dit ensuite : « J'ai faict et compillé ce petit traictié pour instruire et endoctriner les jeunes hommes qui voudront avoir congnoissane du faict et instruction de pratique, afin qu'ils puissent cueillir aucun fruict et entendre à la vérité que c'est de practique ; et comment elle peut être acquise pour être juste *le plus que faire se peult*, et en icelle vivre honnestement en cette vallée de misère sans mandier et sans faire tort à aultruy..... Lequel traictié j'ai prins et assemblé dès long-temps sur plusieurs autres (*) livres et opinions des saiges practiciens et sur plusieurs autres choses concernant et regardant le faict de ladite practique, etc. etc. »

Les lois romaines y sont fréquemment citées en marge.

Ce coutumier étant rare et peu connu de la plupart même de ceux qui le citent sur la foi d'autrui, j'indiquerai ici les principales matières dont il traite, afin que ceux qui voudront y recourir, le fassent, selon qu'ils croiront pouvoir y trouver ce qu'ils désirent.

Il est divisé en quatre livres.

Le premier traite des matières qui suivent :

Le nombre des gens du Parlement.
Le nombre des gens du Chastelet.
Les Droits royaux.

(*) Que nous n'avons plus.

Ordonnance sur les eaux et forêts.

Autres Instructions sur ce.

Extraits d'ordonnances faites par Philippe-le-Bel, en mars, 1302.

Autres Ordonnances faites par le Roi Jehan, le 27 décembre 1355.

Ceux qui appellent des Baillis et renoncent à leur appel paieront 9 sols parisis.

De la défense des jeux de dès, et du commandement fait de jouer à l'arbalestre.

Du villain serment (c'est-à-dire des blasphêmes).

De la cognoissance du scel du Chastelet de Paris. (*)

Des Bordeaux.

Du Serment des advocats.

Du Serment des procureurs.

Le second livre comprend les matières suivantes :

De Justice. — de Droit. — de Coustume. — de Us. — de Stil.

De la Division des choses.

Des Choses corporelles et incorporelles.

De Servitude de possession.

De Caution.

De prescription et usucapion.

Des Dons ou choses données.

Des Obligations.

Des Seigneurs et des seigneuries.

Du nombre et de la diversité des biens.

Des Lignes directes et collatéralles.

Du nombre des personnes.

(*) Attribuée au Prévost de Paris ou à son Lieutenant.

De l'exécution des lettres.
De Rei vendication.
De la différence de commission.
De la division des meubles.
Des cas de nouvelleté.
De exception.
Des Amortissemens.
Des Criées des maisons et héritages.
De Saisine en censive.
De Saisine en fief.
Des fiefs.
Des Coutumes des fiefs.
Serment des féaultés des prélats.
Du Serment des aubaines.
Du rachapt des fiefs.
Du Droit des censives.
Des Conventions.
Du Franc-alleu.
Des Retraicts des héritages.
Ce qui est à faire au jour de l'adjudication des retraicts.
Plusieurs Notables touchant retraicts.
Des Priviléges.
De Propriété.
Du Droit des propriétaires.
Des Vues et esgouts des maisons.
De Cas de péril et de maisons.
De Succession.
De Garde et bail.
Des mineurs, tuteurs et curateurs.
De donner provision.
Des Délits.
De ceux qui peuvent ester en jugement.
Des Asseuremens.

Table du *tiers livre*.

De Office de Procureur.
De Office d'advocat.
La manière de procéder en cas de héritage et de propriété.
Des Ajournemens, et comment ils se doivent faire.
De ajourner les héritiers d'un trespassé.
Auxquels procureurs il convient avoir grâce. (1).
Auxquels non.
Des Exoines.
Des exceptions.
Des Dilatoires.
Des Deffaulx.
Des Causes extraordinaires.
De ce que l'auteur a affaire foy avant qu'il procède.
De vue.
De Garant.
Pour annuller ung décrét.
Des reproches selon le stile de Parlement.
Du Jugement des hommes.
Des Causes des Pers (Pairs) de France (2).
Des Libelles. (pour différentes actions).
De l'office d'un examinateur ou commissaire.
Des Appellations.
Manière de proposer cause d'appellation.

---

(1) Si la demande est loyale, le demandeur y doit volontiers estre en personne. Mais si la demanlle est ung petit tricherie, ledit demandeur auroit vergongne que l'on apperceust sa mauvaistié et son faulx serment. Et pour ce le Roy à telles gens leur fait grâce d'avoir procureur. Et pourtant on voit souvent que les procureurs sont plus chargés des causes des tricheurs que d'autres gens.

(2) Les Pers de France ne sont tenus de plaider, fors en parlement.

Desquels cas les appels ne sont pas reçus.

A quoi proposer de nouveau l'appellant doit être reçu et oui.

Table du *quart livre.*

De l'office du juge.
Des Juges arbitres.
Des Cas qui peuvent toucher le Roi et l'Evesque.
Des Clercs non mariés.
Des Clercs mariés.
De Haulte Justice.
De Moyenne Justice.
De Basse Justice.
De Justice Foncière.
Du Seigneur foncier.
Des Peines.

Viennent ensuite des *extraits du style de la court de Parlement*, avec des *arrêts* de la même cour; et les autres matières annoncées dans le titre de l'ouvrage.

Bouhier, sur la coutume de Bourgogne, tom. 1er., pag. 210, chap. IV, no. 56, cite *l'autheur du grand coutumier, qui vivait sous Charles VI.*

Il cite comme étant à la page 102 de l'édition de 1598, ce qui est à la feuille XXVe. de l'édition de 1515. Il en résulte évidemment que celle de 1598 est plus ample.

Brodeau, sur la Coutume de Paris, au commencement du *tom.* 1er. *pag.* 9, parle du grand Coustumier de France, rédigé et publié sous le règne de Charles VI, dont l'autheur est anonyme.

M. Henryon le cite assez fréquemment dans sa *Compétence des juges de paix.*

SOMME RURAL

Ou le Grand Coustumier général de practique civil et canon :

Composé par M. Jean Bouteillier, *Conseiller du Roy, en sa Cour de Parlement.*

M. Fournel (*tome Ier. page* 339, *Histoire des Avocats*) affirme, je ne sais sur quel fondement, que cet ouvrage fut publié en 1360. Tout ce que je trouve, c'est que le testament de l'auteur, qui est imprimé dans l'ouvrage même à la page 873 des éditions de 1603 et 1611, est daté du 16 septembre 1402.

Entre autres dispositions, il lègue par préciput (devant part) à son fils *toutes ses armures, et* xx *livres parisis pour un cheval, comme à noble homme doit appartenir.* Il se qualifie *conseiller du roi nostre sire*; et de fait il était conseiller au parlement de Paris.

Sa somme rurale a eu trois éditions : en 1603, 1611 et 1612, 1 vol. in-4°.

Charondas le Caron avait fait sur la somme rurale des *notes* que son fils a fait imprimer après sa mort et qui se trouvent dans toutes les éditions.

Dans l'*épitre dédicatoire* au président Jeannin, Charondas le Caron vante le mérite de la somme rurale « pour l'autorité qu'elle aurait justement acquise tant « pour la doctrine mêlée qui s'en peut recueillir, que « pour les marques de l'antiquité française, qu'on y « peut observer en diverses manières, non-seulement

« pour les coustumes des pays, et principalement de la « Gaule Belgique, ains (mais) aussi pour les anciens « droits et prérogatives de la couronne de France. »

A la page suivante est une *préface* que Denis Godefroy avait faite sur la *somme rurale*.

Il dit que c'est avec raison, que Bouteillier a donné à son ouvrage le titre de *somme*, parce qu'en effet, dit-il, les principes de chaque matière y sont *sommairement* et très-bien exposés. *Non immeritò quidem hæc* SUMMA *appellata est, ut potè quæ de omnibus* SUMMATIM *et optimè tractet*.

Il exprime la même idée dans le distique que voici :

Quæ tibi dat Codex, quæ dant Digesta, quod usus,
Ruralis paucis hæc tibi summa dabit.

Mais il trouve que l'auteur eût mieux fait de dire somme *civile* que somme *rurale*. En effet, ce dernier titre ferait croire que l'ouvrage concerne principalement la jurisprudenoe agraire, et la *pratique des campagnes*, et il n'en est rien. Les *lois rurales* ne s'y trouvent qu'accessoirement, et forment la moindre partie de l'ouvrage.

Il y a apparence que Bouteillier a donné à sa *somme* l'épithète de *rurale*, parce qu'il l'a composée à la *campagne* dans le temps des vacances.

Quoiqu'il en soit, cet ouvrage donne des notions très-exactes sur *l'ordre judiciaire* de ce temps-là.

Ducange le mettait il est vrai, au-dessous de Beaumanoir; mais s'il est moins précieux que ce dernier sous le rapport des *antiquités du droit*, cela vient de ce qu'il est plus moderne, et qu'à l'époque où il écrivait la procédure avait éprouvé de grands changemens.

Mais, par là même, il est plus près de nos usages,

et peut, encore aujourd'hui, suggérer de très-bonnes règles à ceux qui se donneront la peine de le consulter.

Il traite à-la-fois du *droit* et de la *procédure* : il embrasse un grand nombre d'objets, et cite fréquemment le droit romain.

Aussi son ouvrage a toujours été en grande estime parmi nos meilleurs jurisconsultes.

Cujas l'appelle *optimus liber*.

Mornac, dans son commentaire sur le premier titre du Code, en parle ainsi : *Summa ruralis Joannis Butillarii, sub Carolo VI. Consuetudines varias, legesque franciæ in codicem titulosque idoneos redegit.*

Charondas (Pandectes, *liv. I*^er^*, chap.* 2, *in fine*) dit qu'il *estime grandement la somme rurale de Jean le Bouteillier qui estait environ l'an* 1402.

Pour donner une idée plus complète de ce livre, nous indiquerons les titres des principales matières qui y sont traitées.

Le premier livre traite des *jurisdictions*, des *défauts, défenses*, et en général des *procédures*. Il y a beaucoup de choses sur les *procureurs*, les *tutelles* et *curatelles*, les *exceptions de toute nature*. Il traite des *obligations*; des *actions civiles* au nombre de plus de 80 ; des *actions criminelles* en assez grand nombre aussi ; des *peines* pour crimes et délits, suivant les temps, les lieux, les personnes et leur qualité ; des *transactions, donations, prescriptions, libérations* ; il parle ensuite de l'*usufruit*, du *dépôt* volontaire ou nécessaire ; des *condictions*, du *louage*, des *ventes* ; le titre 74 contient des notions fort détaillées sur les distinctions des *meubles* et des *immeubles* et sur les *fruits* pendans par branches ou par racines. Viennent ensuite les *successions*, les *testamens*, les *fiefs*, les régles concernant la *preuve* par titres et par témoins.

Le second livre est consacré à l'explication des *cas royaux*; on y trouve des notions curieuses sur les *juges* et les *advocats*. M. Fournel convient qu'il y a trouvé plusieurs passages intéressans dont il a fait usage pour son *Histoire des avocats*. Le titre des *arbitrages* suit immédiatement après. Viennent ensuite les *sermens*, les *mariages*, les *cas d'église*, les *exécutions*, les *appels*; un long titre sur les *amendes*; un autre titre où se trouvent un grand nombre de *régles ou brocards de droit* en latin et en français.

En un mot, il y a beaucoup à trouver dans ce livre, pour qui voudra se donner la peine d'y chercher.

LA PRACTIQUE JUDICIAIRE

Tant Civile que Criminelle reçue et observée, par tout le Royaume de France;

Par M. Jean Imbert, Lieutenant criminel au siège Royal de Fontenay le comte.

Genève, 1641, 1 vol. in-4°.

Jean Imbert, né à la Rochelle, avocat à Fontenay-le-Comte; depuis lieutenant-criminel au même siége.

Il composa d'abord son ouvrage en latin, et le donna sous le titre de *institutiones forenses*; il y en eût successivement trois éditions, dont une parut en 1543.

Il entreprit ensuite de le traduire lui-même en français. Cette traduction a été imprimée en 1641 avec des commentaires fort longs de Pierre Guenois.

Imbert avait retranché de sa traduction toutes les citations latines qui étaient dans ses *institutiones forenses*, lui paraissant *être chose fort mal séante d'entremesler le latin avec le français* (*). Mais Guénois n'a pas eu le même scrupule, et il a chargé ses commentaires d'une

(*) Cette raison n'est pas la vraie. En dégageant sa traduction de toutes ces citations, Imbert n'avait pas seulement voulu éviter la bigarrure du style. Il craignait de faire oublier l'original latin de ses institutions, et voulait obliger à y recourir ceux qui auraient besoin des citations. (Voyez sa *Préface*).

prodigieuse quantité d'allégations *ex omni jure, romano, canonico et gallico.*

Il en est résulté que depuis cette dernière traduction « l'on ne tient presque plus compte des institu- « tions latines d'Imbert, encore qu'elles soient com- « posées *en beaux termes*, d'une belle méthode, et « illustrées de plusieurs décisions de droict (romain) « servant à l'explication de nostre practique fran- « çaise. » (*Avertissement.*)

Il y a eu une autre traduction française des *institutiones forenses*; mais celle faite par Imbert lui-même doit être préférée par la raison « que bien difficilement « aucun peut si bien entendre le sens d'une compo- « sition d'autrui comme la sienne. »

Nos plus grands jurisconsultes ont distingué par leurs éloges, les *institutiones forenses* d'Imbert.

Cujas dit qu'il n'y en a pas de meilleures pour apprendre la triture des affaires. *Quo ad trituram forensem nullus melior.*

Dumoulin, dans sa préface sur l'ancien style du parlement, parle des *Institutiones forenses doctissimi et experientissimi viri Joannis Imberti Rupellani gallico sermone ab eodem donatæ.*

Imbert pensait et avec raison qu'un avocat doit joindre la connaissance de la pratique à celle de la théorie, et qu'il ne lui suffirait pas d'être éloquent. « Aussi combien qu'un personnage soit bien savant en « droit civil, toutefois s'il n'est exercé en cette pratique « judiciaire, il ne pourra éviter qu'en plaidant il ne soit « mocqué et repris des petits solliciteurs qui auront « fréquenté la pratique. »

Cet avocat s'était proposé de rassembler *tout ce qu'il avait trouvé espars en plusieurs livres et auteurs, et autres lieux, et tout confus*, et de n'en faire qu'un seul *corps de pratique* tant civile que criminelle, » à fin que doresnavant on n'eût plus la peine d'aller » chercher en divers lieux de plus de cent volumes. (1) »

L'ouvrage d'Imbert est véritablement un livre de pratique ; il s'occupe des formes bien plus que du fonds du Droit, et sous ce point de vue, il est plus fidèle à son titre que Bouteiller. On lira encore avec intérêt dans ce vieux livre, ce qui est dit *de la forme des jugemens et actions, des vues et monstrées*, et *des enquêtes par turbes*, (quoiqu'abrogées depuis par l'ordonnance de 1667) ; des *fins de non recevoir*, partie fort bien traitée ; de la *conception et prononciation des sentences* ; des *exécutions nonobstant* opposition ou appellations quelconques ; des *divers dégrés de jurisdiction de France*, des *appels*. — Dans la partie criminelle, les titres relatifs aux *questions et tortures*, à *l'entérinement des lettres de grâce*, aux *amendes honorables* et autres *peines*, ainsi qu'à *l'exécution des criminels*, tiennent à l'historique de notre législation criminelle.

On a encore d'Imbert un livre intéressant. Il a pour titre : ENCHIRIDION ou *bref recueil du Droit escript, gardé et observé ou abrogé en France*. Guénois l'a *revu, corrigé et additionné*, et en a donné une édition imprimée à Paris en 1603 in-4°.

---

(1) De tous ceux qui ont écrit sur la procédure depuis Imbert, je ne connais que M. Berryat S.-Prix qui ait travaillé sur le même plan, et qui ait réussi à fondre la substance d'un grand nombre de volumes en un seul.

LA PRACTIQUE DE MASUER,

ANCIEN JURISCONSULTE ET PRACTICIEN DE FRANCE,

Mise en français, par Antoine Fontanon, Advocat en Parlement, et par lui revue et illustrée d'annotations sur chaque titre.

3e. édition, Paris, 1581, in-4o.

Masuer avocat à la Sénéchaussée du Bourbonnais, en 1560;

Né en Auvergne.... (Voyez le *sonnet* qui est en tête de ses œuvres).

Mort en 1588;

Auteur de l'ouvrage intitulé, *de practicâ forensi.*

Je n'ai pas lu l'édition latine de ce livre; mais il y a apparence que le style en était mauvais, à en juger par ce qu'en dit Fontanon son traducteur, dans un mauvais sonnet qui est en tête de la cinquième édition.

> Je l'ai fait cy-devant parler nostre langage;
> Marry qu'un bon auteur *parlast si mal romain;*
> Chascun l'a bien reçeû, et j'ay pris le courage,
> Pour la troisième fois d'y mettre encor la main.

Dans la dédicace latine que Fontanon adresse à Gabriel Labbe, avocat du Roi à Bourges, il dit qu'il s'est déterminé à travailler sur Masuer, parce qu'il le voyait *fréquemment cité par les meilleurs auteurs*, et qu'en y recourant, il a en effet reconnu qu'il expliquait non-seulement les règles de la procédure, mais aussi le principes du Droit, *diludicè, acutè, ac breviter.*

Il l'a donc traduit, en y ajoutant des annotations où il cotte les changemens survenus dans la jurisprudence, et résout les questions laissées indécises par Masuer.

Cet auteur a fait entrer dans son plan moins de matières que Bouteiller et Imbert. A l'exception des titres sous lesquels il traite des *Injures*, *de la question*, *des peines*, son ouvrage ne roule que sur le *civil*.

Il cite beaucoup les lois romaines et les docteurs; et rarement les ordonnances, parce qu'en effet, au temps dont nous parlons, il n'y avait pas encore beaucoup d'ordonnances *sur le fait de la justice*.

Néanmoins la procédure avait fait des progrès. Il n'y est plus question de *gages de batailles*.

Dans le titre XVI, *des preuves*, on peut lire ce qui se pratiquait dans les *enquêtes d'examen à futur*, qui ont été abrogées par l'ordonnance de 1667, mais qui étaient alors en usage dans le cas où l'on craignait de voir les preuves dépérir.

Les notes de Fontanon sont en général assez courtes; mais bien nourries de principes. Il est très-sobre de citations; et en cela, je l'aime mieux que Guénois qui en a tellement brouillé son commentaire sur Imbert, qu'on ne s'y reconnaît que difficilement.

L'ORDRE

FORMALITÉ ET INSTRUCTION JUDICIAIRE,

Dont les anciens grecs et romains ont usé ès accusations publiques, conféré au style et usage de nostre France; avec le IVe. livre, où il est parlé du Cadaver, de la Mémoire, des Choses inanimées, des Bestes brutes et des Contumax.

Par Pierre Ayrault, Lieutenant criminel au siège présidial d'Angers.

Paris, 1598, 1 vol. in-4°.

Ayrault est né en 1536. Après avoir exercé avec distinction la profession d'avocat au parlement de Paris, il se retira en 1568 à Angers son pays natal, avec la charge de lieutenant-criminel au siége présidial de cette ville. Il y est mort en 1601.

Ainsi il a vêcu sous les règnes de Charles IX et de Henri III.

Les guerres de religion, les troubles, les proscriptions, la saint-Barthélemi avaient péniblement affecté son âme généreuse.

On retrouve dans tout ce qu'il a écrit sur la procédure criminelle, un esprit droit, éclairé, ami de la justice et des formes qu'il regarde partout comme essentielles à son administration.

Il s'élève avec force et courage contre les abus, les excès et les coups d'autorité ; il veut que l'instruction soit publique et solennelle ; que l'accusé ait tout le temps nécessaire pour se justifier ; que sa défense ne soit ni entravée ni interrompue ; c'est de lui qu'est cette belle sentence : *dénier la défense, c'est un crime : la donner, mais non pas libre, c'est tyrannie.*

En effet, c'est se donner les airs et les honneurs de la justice, et se permettre cependant l'abus de la force.

Il veut que dans les révoltes et les discordes civiles, on soit sobre de punitions, et qu'on ne s'écarte jamais des règles prescrites par les lois « Il est très-périlleux » (dit-il pag. 145), et d'une conséquence très-perni- » cieuse, de donner ouverture au Prince à *mettre la* » *main au sang* contre les lois et formalités ordinaires. » Il s'en dispenserait après trop aisément »

Il prouve très-bien que pour qu'une condamnation mérite le nom *d'exemplaire*, il ne faut pas qu'elle puisse être taxée *d'arbitraire*. Les peines n'affectent qu'un petit nombre de coupables ; mais la leçon qui en résulte doit servir d'exemple à la multitude.

» Or il est très-véritable, qu'en exécution faite » sans forme ne figure de procès, il n'y a point d'exem- » ple : au contraire, on en fuit et déteste-t-on la mé- » moire. Comme en la religion, la révérence vient des » cérémonies et pompes qui s'y pratiquent de longue » main : aussi en la justice, *l'exemple procède des* » *formes*...... Les absolutions, ou condamnations faites » sans forme, n'engendreront jamais les acclamations » que font celles qui ont *leur solennité, et procédure* » *ordinaire* »

Je me suis rencontré sur ce point avec Ayrault, à une époque où je ne l'avais pas encore lu. Dans le procès intenté, sous Napoléon, aux *employés des bureaux de la guerre* accusés d'avoir entretenu des intelligences criminelles avec les agents de la Russie ; je plaidais pour SAGET, second accusé ; et comme il n'y avait pas de preuves positives du crime qui lui était imputé ; après avoir discuté toutes les charges, je terminai par cette tirade qui fit une heureuse impression sur le public. Elle a été recueillie dans le temps par le sténographe.

« La trahison imputée aux accusés est horrible sans » doute ; mais plus un exemple est nécessaire ici, plus » il importe de ne le donner qu'avec certitude. Quand » le crime est légalement prouvé, et les accusés pleine- » ment convaincus ; c'est alors que la punition est effi- » cace, parce que le peuple, convaincu lui-même de » leur culpabilité, unit ses exécrations à la sentence » des juges. Mais si, au contraire, on s'est contenté de » présomptions vagues, d'indices peu certains, de » conjectures hazardées, l'effet n'est plus le même ; et » le peuple, passant subitement de l'indignation à la » pitié, cesse d'applaudir à la mort des coupables, » pour ne plaindre que le sort de ceux qu'il regarde » comme injustement condamnés. (Ce procès a été imprimé chez Didot, en 1812, in-8°.).

Pour en revenir à Ayrault, nous trouvons dans ce qu'il dit à la page 577, l'expression naïve des pensées qui l'occupaient en composant ses écrits. Il commence ainsi son IVe. livre :

» Il vaut mieux continuer nostre entreprise, quelques calamités publiques et domestiques qui se présentent. Car où pourrions-nous trouver de la consolation que parmi les livres, de *voir un si grand royaume décheoir et prendre les arremens d'un corps mortel et périssable comme le notre?*...... Il était facile de prévoir qu'après les guerres de la Religion, viendraient celles de la Couronne et de l'Etat : et que les *divisions entretenues, retombent ordinairement sur ceux qui ne les suffoquent dès qu'elles paraissent.* »

Quant aux fâcheries privées, puisque j'ai perdu mon fils aîné, et qu'il ne se trouve point de remède aux maléfices qui ont la religion pour couleur : qui m'en peut substituer un autre plus gracieux, plus obéissant, plus honneste, moins sujet à subornation et corruption, que cette plume, si la postérité la trouve bonne ? Reprenons donc ce qui restait de notre dessein et entreprise. Laissons là la désobéissance et contumace de notre fils : aussi vient-elle moins de lui, que des *jésuites*..... »

En effet, son fils aîné s'était fait *jésuite* à son inçu ; et il n'avait jamais pu réussir à le retirer de cet Ordre.

Je note cette circonstance, parce qu'elle fut cause qu'Ayrault composa sur la *puissance paternelle*, un traité (*) qui se ressent nécessairement de la situation d'esprit où l'avait placé l'insubordination de son fils.

Ce traité, au surplus, est estimé, et mérite de l'être autant que son *Ordre et Instruction judiciaire*.

Menage, son petit-fils, a écrit sa vie en latin, Paris, 1675, in-4°.

(*) In-4°. qui a été imprimé plusieurs fois.

SECTION III.

OUVRAGES

REMARQUABLES PAR LEUR ORIGINALITÉ.

Dicearchiæ Henrici regis Christianissimi progymnasmata, in-8°.

Sans nom d'auteur ni d'imprimeur.

Sans date du lieu ni de l'année de l'impression.

Cependant, de ce qui est dit à la page 3 de ce livre, on doit conclure qu'il a été publié en 1556.

Une note manuscrite qui se trouve en tête de l'exemplaire qui est à la bibliothèque Royale, dit que cet ouvrage est de *Jean* Spifame avocat au Parlement, ou de *Jacques* son frère, évêque de Nevers.

L'auteur de cette note s'est trompé. Le livre n'est ni de Jean ni de Jacques, mais de *Raoül Spifame*; il est même nommé page 3, où on lit ces mots, *Radelpho Spifama, etc*

Ce Raoül Spifame était avocat au Parlement de Paris. Il poussa l'originalité si loin que sa famille le fit interdire pour cause de démence; mais il n'était rien moins que fou. Témoin le livre rare et curieux auquel il donna pour titre, *Dicearchiæ Henrici regis progymnasmata*.

Ce volume contient 309 arrêts *de sa composition*, qu'il suppose avoir été rendus par Henry II en 1556, du temps de François Olivier chancellier, et de Jean Bertrand, qui fut le premier garde-des-sceaux *en titre*. Ceux qui l'avaient été auparavant ne l'avaient été que *par commission*.

Quoique le titre de cet ouvrage soit *en latin*, toutes les pièces dont il se compose, sont rédigées *en français*.

Parmi ces arrêts, il y en a beaucoup qui ne sont que la production d'une imagination exaltée contre sa famille qui avait provoqué, et contre les juges qui avaient prononcé son interdiction. Il y en a un entr'autres qui casse l'arrêt du Parlement qui lui défendait de faire imprimer ses ouvrages de Droit et de poësies; un autre qui condamne Gaillard Spifame son frère aîné, comme un concussionnaire, qui par des rapines soutenues des falsifications les plus criminelles, a fait périr M. de Lautrec, et perdre à la France le royaume de Naples.

Mais au milieu de ces productions bizarres, il se trouve des décisions très-sensées, et qui depuis ont été converties en lois, et ont reçu leur exécution. Tels sont les arrêts relatifs au commencement de l'année au premier janvier; à l'abolition des justices seigneuriales dans les grandes villes. (A cette occasion, il remarque que le Roi ne donne jamais tant de puissance à autrui, qu'il ne se la réserve plus grande à lui-même). Tels sont encore les arrêts relatifs aux embellissemens, augmentations et décorations de la ville de Paris; un projet d'augmenter la bibliothèque royale en lui donnant un exemplaire de tous les livres qui s'impriment. (Sur quoi, je remarquerai qu'il n'en coûterait guère d'ajouter, que les ouvrages seront remis à la bibliothéque *reliés* au lieu d'être simplement *brochés*; attendu que cela serait une fort petite dépense pour le libraire, une grande économie pour la bibliothèque; et que le public jouirait de suite des ouvrages déposés, tandis que le défaut d'argent pour les reliûres tient quelquefois les livres plusieurs années en état de brochures, avant qu'ils puissent être catalogués, rangés, et livrés aux lecteurs).

Spifame avait aussi rédigé une décision qui infligeait aux juges *l'obligation de motiver leurs arrêts.*

Salviat a été dupe de cette supposition; il cite de bonne foi, ce dernier arrêt comme existant, à la date de 1556.

D'autres auteurs y ont également été trompés. (Le Président Bouhier en indique plusieurs dans ses Observations sur la Coutume de Bourgogne, *tom. I*[er]. *page* 218, *chap.* 4.)

Peut-être ces auteurs savaient-ils que ces arrêts étaient *supposés*; mais ils étaient bien aise de s'en autoriser pour appuyer le désir qu'ils avaient de voir mettre à exécution plusieurs des choses ordonnées par ces arrêts.

Sous le titre *d'arrêts* se trouvent aussi « des *épitres* » envoyées au Roi, excitatives de sa très-singulière » prudence, *pour mieux ordonner l'État de sa Répu-* » *publique.* »

Le Parlement ne fit pas un crime à Spifame d'avoir publié ses idées sous la forme d'*arrêts royaux*. Alors, *on avait pour les foux, plus de pitié que courroux.*

Userait-on de la même indulgence aujourd'hui, si un auteur publiait de prétendues lois, sur la liberté individuelle, la liberté absolue de la presse, la responsabilité des ministres, la permission indéfinie de traduire en jugement les agens du Gouvernement, pour concussion, vexation, prévarication, etc. etc. etc.

Aufray a extrait les arrêts de Spifame, qui se distinguaient par leur sagesse; et il les a publiés sous le titre de : *Vues d'un politique du XVI*[e]. *siècle.* Paris, 1775, in-8°.

PROCESSUS JURIS

JOCO-SERIUS,

Tam lectu festivus ac jucundus quàm ad usum fori et praxeos moralis cognitionem utilis ac necessarius ; in quo continentur :

1°. Bartoli a Saxoferrato JC. Perusini processus Satanæ contra D. Virginem coram judice Jesu.

2°. Jacobi de Ancharano JC. archidiaconi adversani processus Luciferi contrà Jesum coram judice Salomone.

3°. Martialis averni JC. cognitoris in senatu regio Parisiensi, arresta amorum, sive processus inter amantes, cum decisionibus Parlamenti.

Opus ad utriùsque juris rationem, forensiumque actionum usum quàm acutissimè accommodatum. Sed non minùs theologis atque philologis utile; antè hâc germanicè, gallicè, hispanicè, polonicè, danicè, et belgicè translatum atque impressum.

Nunc primùm in originali sermone latino collectum et simul editum. Hanoviæ, 1611.

Ce Recueil, qui le croirait ! est dédié *Christiano Lectori*.

Tel est le titre général de l'ouvrage. Nous allons en reprendre successivement les divers parties.

BARTHOLI

A SAXO FERRATO JURISCONSULTI PERUSINI,

PROCESSUS

Satanæ contrà D. Virginem coram judice Jesu.

Bartholc, né en 1309, mort en 1356, fut un des plus célèbres jurisconsultes. Sa réputation était si bien établie, que plusieurs siècles après sa mort, on disait encore par manière de proverbe : *résolu comme Bartholc.* Telle était cependant le mauvais goût, et l'on pourrait dire encore la barbarie de son siècle, qu'il crut faire une œuvre très-spirituelle en imaginant de présenter sous une fiction religieuse, les règles du Droit romain, et le style judiciaire du temps.

Il veut donner une idée d'une procédure instruite dans les formes ; et pour cela, il imagine un *procès entre la Sainte-Vierge et le Diable.*

Il introduit sur la scène, cet imposteur qui, prétendant remettre les hommes sous le joug où le crime d'Adam les avait fait tomber, *traduit* le genre humain devant le *tribunal* de Jesus-Christ.

Satan voulait donner assignation *du jour au lendemain ;* mais Jesus-Christ lui observe que le délai serait trop court pour comparaître, parce qu'il y a loin de la terre au ciel. (*Longa via est à terrâ usquè ad cœlum*). Il permet en conséquence d'assigner *à trois jours.* Satan calcule alors que l'échéance tombera le vendredi-saint ; et il cite à Jesus-Christ les lois qui ne permettent pas d'assigner à un jour de fête. Mais Jesus-Christ dispense de cette formalité en vertu d'autres lois qui donnent ce droit aux juges en certains cas. L'assignation est donc donnée à trois jours par l'ange Gabriel. Au jour indiqué, le Diable comparaît, et demande si quelqu'un ose parler pour le genre humain. La Vierge se présente : mais le Diable la recuse pour deux raisons: la première, parce qu'étant mère du juge, elle pourrait trop aisément le faire prononcer en faveur de sa partie. La seconde, c'est que les femmes sont exclues de la fonction d'avocat. Il appuie ces deux motifs sur des paragraphes tirés du Digeste et du Code. De son côté, la Vierge invoque les lois et les paragraphes qui autorisent les femmes à *ester en jugement* pour les veuves, les pupilles et les misérables. Elle gagne ce point ; Jesus-Christ lui permet de plaider pour les hommes. — Alors, le Diable demande *la provision*, comme ayant été possesseur du genre humain depuis la chûte d'Adam, selon la régle de Droit : *spoliatus ante omnia restituendus ;* (Il faut avant tout remettre en possession celui qui a été depouillé ;) il fait en outre valoir pour lui la prescription. La Vierge lui oppose le titre du droit, *Quod vi aut clam aut precariò*, lui soutient qu'un possesseur de mauvaise foi ne peut acquérir par la voie de prescription, et le prouve *Lege tertiâ paragrapho ultimo* Digestis *de Acquirendâ possessione.* — Jesus-Christ ayant débouté le Diable de la provision, le fonds du procès se discute et se décide de même par lois et par paragraphes.

Plusieurs personnes trouvant avec raison cette mascarade indigne de Barthole, ont cru qu'elle n'était pas de lui, et que le véritable auteur s'était déguisé sous son nom pour donner plus de crédit à son ouvrage. On l'a en conséquence attribuée à *Andreas Barbatius*. M. Fournel partage cette opinion dans son *Histoire des avocats, tom.* 1er, *pag.* 197. Mais on peut lui prouver qu'il se trompe ; car il dit que le *Processus Satanæ* parut *sur la fin de* 1300 ; or, Andreas Barbatius mort en 1482, suivant le témoignage de LADVOCAT, n'écrivait certainement pas en 1300.

L'éditeur du *Processus Joco-Seriùs* fait une autre remarque. Ce procès, dit-il, est daté à la fin, du 6 avril 1311 ; or, Barthole né en 1309, n'a pas pu écrire à l'âge de deux ans. Cela est vrai ; mais rien n'empêche aussi qu'à l'âge de vingt ou trente ans, il ait rendu compte d'un procès qu'il suppose avoir été jugé en 1311. Si l'on croit qu'il y a supposition dans le nom de l'auteur, on peut croire à plus forte raison qu'il y a également supposition dans la date d'un évènement qui n'est qu'une pure fiction.

PROCESSUS

LUCIFERI CONTRA JESUM CORAM JUDICE SALOMONE.

BÉLIAL

OU

PROCÈS DE BÉLIAL A L'ENCONTRE DE JÉSUS-CHRIST,

Devant le juge Salomon.

Ce procès est daté du 30 octobre 1382.

Cet ouvrage a d'abord paru sous le titre de J. de Teramo, compendium perbreve, consolatio peccatorum nuncupatum, et apud nonnullos *Belial* vocitatum : id est processus Luciferi contrà Jesum coram judice Salomone. Ausb. 1472. in-fol.

Il a été réimprimé plusieursfois depuis, notamment dans le recueil intitulé *Processus juris joco-seriùs*, Hanovriæ, 1611, in-8°.

C'est par erreur que cet ouvrage est attribué à Ancharano JCte. napolitain, dans les mélanges d'une grande bibliothèque *lettre* E, *pag*. 19.

L'auteur de ce pieux roman est Jacques Palladino, plus connu sous le nom de Jacques de Teramo (*), nom

(*) Le compilateur *du Processus Serius* en convient dans sa préface, quoiqu'il le donne sous le titre de *Jacobi Ancharani Processus Luciferi*, *etc*.

de la ville où il était né, en 1349. Il fut archevêque et légat, et mourut en 1417.

Le procès de Bélial a été traduit en Français par Pierre Farget, Augustin, Lyon, 1485, in-4°. Il y a encore d'autres traductions.

Voici ce qu'on lit au sujet de cet ouvrage dans les *Mélanges d'une grande bibliothèque*, *lettre E*, *pag.* 19.

« Traduit du latin d'Ancharano (*), jurisconsulte napolitain. L'original latin existe dans quelques bibliothèques, en manuscrit, et a été aussi anciennement imprimé : mais ce qu'il a de curieux en français, c'est qu'il montre les anciennes formes de notre jurisprudence auxquelles ce livre est accommodé. La première édition de ce livre est de Lyon 1482, et la deuxième de 1484.

» Cet ouvrage extraordinaire et ridicule, a eu un si grand succès qu'il a été traduit en allemand dès 1492 ; partout où il a été imprimé, il a été accommodé aux formes judiciaires de ces pays-là. Ainsi, la traduction française nous apprend la manière de procéder usitée au XVe. siècle ; de sorte qu'il n'est presque besoin que de la lire pour en juger. On peut suivre dans les gravures en bois, au trait, qui sont extrêmement ridicules, mais fort nettes, toute la marche des procédures. On y voit les diables habillés en *huissiers*, *sergens*, *procureurs*, *greffiers et avocats-consultants* de l'enfer.

« Salomon est le premier juge de cette grande affaire, et Moyse est l'avocat de Jesus-Christ.

« Le Diable plaide sa cause lui-même ; car il est plus fort en chicane que tout le barreau. On fait une en-

---

(*) Nous avons vû page précédente que c'est une erreur.

quête, on entend les témoins ; David, Isaïe, Ezéchiel, et saint Jean-Baptiste sont du nombre. Ces témoins sont favorables à Jesus-Christ. Cependant Bélial se défend comme un diable. On plaide sur le possessoire et sur le pétitoire. Enfin Salomon prononce en faveur du fils de Dieu. On croit le diable vaincu ; mais il en appelle au juge souverain, qui ne peut être que Dieu le père. L'affaire est portée devant ce suprême magistrat. Quoiqu'il soit Père de sa partie adverse, le diable ne le récuse pas, mais propose un compromis. Aristote est arbitre du côté de Jesus-Christ ; Jérémie est du côté du diable. Isaïe, qui est le troisième, décide la question. On pense bien que le diable perd enfin son procès. Les Juifs et les Payens, qui sont intervenus sont égalemen condamnés. Les chrétiens pécheurs, de tous états, seraient peut-être traités plus sévèrement, si la Ste. Vierge n'intercédait pour eux.

» Telle est la substance de ce livre, qui a passé, dans son temps(*), pour être non seulement un des plus curieux et des plus intéressants, mais *des plus instructifs.* »

(*) Ce bon temps dont parle Boileau,
Où l'on jouait les Saints et Dieu, par piété.

MARTIALIS ARVERNI

COGNITORIS IN SENATU REGIO PARISIENSI,

ARRESTA AMORUM (1).

Arrêts d'amour de Martial D'Auvergne. (*)

Le dernier de ces arrêts est daté de la veille des Rois, l'an 1540.

Ce sont encore des questions de droit et de procédure accommodées à la matière des amours.

Ce n'était qu'un cadre imaginé pour consigner les formes de la procédure et les principes du droit; et pour les mettre à la portée des gens du monde, en les appliquant à des espèces fictives et galantes.

On en jugera par le titre de plusieurs de ces arrêts.

IIIe. Arrêt. *Un amoureux demande rescision de certain contrat fait avec sa dame, et de plusieurs pactes et conventions où il aurait été déçu d'outre moitié de juste prix.*

V[e]. Arrêt. *Procès entre deux amoureux d'une même dame, en matière* de complainte, saisine et nouvelleté.

XVIe. Arrêt. *Un impétrant de certaines* LETTRES DE

(1) Il y a d'autres éditions qui portent pour titre : Déclarations, Procédures et Arrêts d'amour, donnés en la Chambre et Parquet de Cupidon, à cause d'aucuns différends entendus sur cette Police.

(*) Procureur au Parlement en 1460, mort en 1508.

RÉPIT, *demande l'antérinement d'icelles à l'encontre de sa dame.*

XVIIIe. Arrêt. *D'un baiser prins par force par l'ami, dont la dame a appelé.*

L'appelante disait qu'en amours, force et voyes de fait sont défendues.

» Néanmoins ledit intimé une journée tout eschauffé, » s'en vint vers elle, et s'efforça de l'embrasser; et » qui plus est, tout en un moment sans dire Dieu » gard, ni autre chose, il la baise de force, malgré » elle, dont elle appela et concluait qu'il avait mal » procédé.

» L'intimé disait au contraire, etc. »

XIXe. Arrêt. *Procès entre le procureur d'amours et une maitresse, demandeurs joints ensemble; contre une vieille chambrière en cas d'excès, laquelle révéloit ce que sa maitresse faisait, à son mari;*

Tendant à réparation d'honneur.

XXe. *Un amant contre sa dame, conclut qu'elle soit condamnée à faire abattre une cage où reposait une caille qui crioit incessamment quand elle voyait ledit amoureux à l'huis (la porte) de sa dame.*

XXVIe. Arrêt. *Aux criées d'une fille se sont opposés sept amoureux, prétendants un chacun d'iceux, en l'amour d'icelle.*

XLe. Arrêt. *Une dame contre son ami demande qu'il soit condamné à fuire compagnies mélancholieuses, et que la court mît telle provision en sa personne, qu'il devint* JOYEUX, COMME IL AVAIT ÉTÉ.

Dans le prononcé de ces arrêts, il est souvent question de *possession et jouissance;* la *contrainte par corps* y est quelquefois prononcée; il y a peu de *fins de non recevoir*; et les hommes sont presque toujours condamnés aux *dépens*.

Benoit de Court, savant jurisconsulte, a joint à ces arrêts un commentaire très-érudit, où il développe très-bien plusieurs questions de droit.

A ce titre, le commentaire vaut certainement mieux que le texte. Il est rempli de recherches et de citations. On pourrait le comparer au livre intitulé *chef-d'œuvre d'un inconnu*.

Ces Arrêts et le commentaire qui les accompagne forment le second volume du recueil intitulé, *Processus juris joco-serii*.

L'édition donnée en 1731 par Langlet Dufresnoy, (2 vol., in-12), renferme des notes curieuses.

M. Dargenson, en parlant de cet ouvrage dans ses mêlanges tirés d'une grande bibliothèque, tom. D., pag. 336, regrette qu'il ne s'en donne pas une nouvelle édition « qui, en rajeunissant le vieux langage,
» serait utile et intéressante pour les *jeunes magistrats*
» et aux *avocats*, puisqu'elle leur présenterait en
» assez peu de mots les différences qu'il y a entre les
» formes judiciaires du siècle présent, et celles du
» temps de Martial Dauvergne. »

Ce Martial Dauvergne, au surplus, était un honnête homme, fort estimé pour sa probité et ses connaissances.

Son épitaphe est rapportée par M. Fournel, dans son *Histoire des Avocats*, tom. II, pag, 126 et 127.

PSALTERIUM

JUSTE LITIGANTIUM.

Quo ex libro consolatio peti ab iis potest, quibus res est sæpe et pugna gravis cum adversariis tum visibilibus tum invisibilibus in hoc seculo.

J'ai ce singulier livre dans ma bibliothèque.

Il a pour auteur Jacques de Camp-Ront, curé d'Avranches.

Je ne sais pas au juste en quelle année il a été composé.

Je lis au frontispice qu'il a été imprimé à Paris, en 1597, chez Mettayer, imprimeur du Roi, in-12.

L'approbation des docteurs en théologie porte : *et merum centonem probamus, et prælo dignum censemus.*

Il est dédié au parlement de Rouen : *amplissimis, ornatissimisque viris in supremo Normaniæ senatu, Rotomagi considentibus.*

En regard de cette dédicace, se trouve une assez bonne gravure représentant une salle d'audience dont les murs sont parsemés de fleurs de lys. Sept juges sont assis sur le tribunal, vêtus et coiffés selon la mode du tems. Le président n'a aucune marque distinctive ; le premier juge, à droite, a un épitoge. A l'extrémité du parquet, on voit, si je ne me trompe, le curé Camp-Ront qui présente lui-même aux juges son *Psalterium.*

Ce livre original indique les pseaumes et cantiques

qu'il faut réciter quand on veut l'emporter sur son adversaire.

Pour organiser cette cabale, l'auteur a divisé son pseautier en autant de parts qu'il y a de jours dans la semaine.

Il y a pour chaque jour quatre pseaumes et un cantique.

Le premier pseaume contient une oraison en forme de supplique adressée à Dieu par le *juste plaideur*, qui est effrayé de voir ses ennemis animés et coalisés contre lui.

Dans le second pseaume, le même *justè litigans* se plaint amèrement d'être ainsi en butte aux traits de ses ennemis.

Dans le troisième, il élève sa voix vers Dieu et implore sa miséricorde.

Dans le quatrième, Dieu vient à son secours.

Le cinquième est un cantique d'actions de grâces, dans lequel le plaideur remercie Dieu d'avoir écouté sa plainte, et confondu ses ennemis.

Prenons pour exemple un mineur que d'avides parens voudraient depouiller de son héritage :

Il dit à Dieu en tremblant, *adolescentulus ego sum et contemptus, etenim sederunt cognati et adversùm me loquebantur!* (1er. pseaume); je suis un enfant, et on me méprise; mes parents se sont assemblés et complottent contre moi.

Jusques à quand mes ennemis l'emporteront-ils sur moi? *Usquequò exaltabitur inimicus meus super me?* (2e. pseaume.)

Seigneur, le pauvre n'a que vous pour protecteur; vous secourrez un orphelin; je suis pauvre, seigneur, aidez-moi. *Tibi derelitus est pauper : orphano tu eris adjutor. Ego vero egenus et pauper sum, Deus adjuva me.* (3e. pseaume) —

Mais le seigneur a entendu ma prière; il a donné la succession à ceux qui craignaient son nom. *Quoniam tu deus exaudisti orationem meam; dedisti* HÆREDITATEM *timentibus nomen tuum.* (4e. pseaume).

Laudate pueri dominum.

Gloria patri et filio, etc. (5e. pseaume).

Je n'ai pris qu'un verset de chaque pseaume; mais tous les centons dont le pseaume est composé, sont sur le même ton que le premier verset.

Je me demandais pourquoi ce curé normand avait ainsi arrangé le *pseautier à l'usage des plaideurs*, lorsque je suis tombé sur un endroit où j'ai vu qu'il était lui-même en procès avec un certain Julien Rogeron, surnommé Despréaux, qui l'accusait d'avoir contribué au pillage de sa maison pendant les troubles de la Ligue, et lui demandait pour ce méfait, de gros dommages et intérêts. Il explique assez longuement son affaire; et se recommande à ses juges *au nom du roi David.* Il leur recommande aussi son adversaire, mais en les priant de le traiter de la bonne façon.

Il prévoit cependant le cas où il perdra son procès. Alors, dit-il, je m'écriai avec le très-patient et très-tolérant Job; « Dieu me l'a donné, Dieu me l'a enlevé; » que son saint nom soit béni. »

Probablement, ajoute-t-il, Dieu se chargera de faire du bien à Camp-Ront, pour qu'il puisse le perdre; car il n'en a pas : et si, après lui en avoir donné, Dieu l'en prive ensuite pour en enrichir son adversaire, ce sera sûrement pour le débarrasser d'une fortune qui nuirait à son salut, et en faire un objet de perdition et de confusion pour ses ennemis. » — Voilà ce qui s'appelle de la charité.

Mais c'en est assez de dit, peut-être même trop sur ce sot livre.

Je m'étonne seulement que le parlement de Rouen en ait agréé *la dédicace.*

CAUSES GRASSES.

A côté de ces Recueils, il faut mettre ce que les auteurs ont dit des *Causes grasses*.

Voyez sur ce sujet, le Dictionnaire des arrêts de Brillon, et l'ancien Répertoire de jurisprudence, au mot *Causes grasses* ; et dans la nouvelle édition des *Lettres sur la profession d'avocat*, tom. Ier. pag. 424, le chapitre intitulé *des Causes grasses, et comment l'usage en a été aboli*.

PLAIDOYERS burlesques de M. Jacques Capel. 1561.

— Deux PLAIDOYERS d'entre M. Procès et M. de Bon-accord, Paris, 1570, in-8.

— PLAIDOYER sur la Principauté des Sots, avec l'arrêt de la Cour intervenu sur icelui. Paris, 1608.

FIN.

www.ingramcontent.com/pod-product-compliance
Ingram Content Group UK Ltd.
Pitfield, Milton Keynes, MK11 3LW, UK
UKHW022122190726
13855UKWH00003B/1008